머리말

　최근 '국어'가 대학 수학 능력(수능) 시험에서 가장 중요한 과목으로 등장하였습니다. '국어' 공부를 하지 않으면 원하는 대학에 가기 어렵고, 장밋빛 미래를 보장받을 수 없다는 생각을 하기 시작하였습니다. 그렇지만 '국어' 실력을 쌓기 위하여 무엇을, 언제, 어떻게 해야 하는지 아는 사람은 많지 않습니다.

　'국어' 실력과 국어적 사고력은 짧은 시간 동안 빠르게 향상시킬 수 있는 것이 아닙니다. 그렇기 때문에 엄마 뱃속에 있을 때부터 이야기를 접하고, 태어나면서 그림동화를 비롯하여 여러 분야의 책을 단계적으로 접하여 각 분야의 배경지식을 확장해 나가야 합니다. 그리고 여러 배경지식을 바탕으로 다양한 유형의 글이나 말로 표현해 봄으로써 '국어' 실력을 쌓을 수 있습니다.

　그러기 위해서 가장 기초적이고 기본적인 것이 제때 한글을 바르게 읽고 쓸 수 있는 능력을 잘 갖추는 것입니다. 『또바기와 모도리의 야무진 한글(또모야)』은 바로 이러한 생각을 바탕으로 편찬한 것입니다. 『또모야』를 통하여 한글을 터득하는 데에는 그리 오래 시간이 걸리지 않을 것입니다. 훈민정음 해례본에서는 '훈민정음(한글)'은 "슬기로운 사람은 하루아침에 배울 수 있고, 어리석은 자도 열흘이면 배울 수 있다."라고 하였습니다. 이 책을 공부하는 사람은 대부분 그러한 경험을 할 수 있을 것입니다.

　『또모야』는 '4권-15대단원-73소단원'으로 구성되어 있으며, 각 소단원은 '왜 그럴까요→한 걸음, 두 걸음→실력이 쑥쑥→더 나아가기→글씨 쓰기 연습(부록)'으로 심화하였습니다. 한글을 처음 배우는 학습자들이 이 단계를 밟아 가면 한글과 한글 받아쓰기를 쉽게 익힐 수 있습니다. 이뿐만이 아니라 각 소단원에서 제시하고 있는 '원리'나 '규칙'을 이해해 가는 각 과정을 통하여 4차 산업혁명 시대가 요구하는 '국어적 사고력'을 기를 수 있습니다. 나아가 초등학교 교과서에 자주 등장하는 기본 어휘를 큐아르(QR) 코드, 소리, 그림, 만화, 놀이, 게임, 노래, 이야기 등을 통하여 쉽게 익혀, 초등학교 교과 학습에 필요한 국어 실력을 기를 수 있습니다.

　한글과 한국어는 일상생활과 교과 학습을 위한 기초적이고 기본적인 도구입니다. 한글을 처음 접하는 시기에 쉽고 재미있게 공부하고, 우리 글과 말에 흥미를 갖도록 하는 것은 일상생활에 필요한 의사소통 능력은 물론이고 교과 학습과 전문적인 직업 세계에 요구되는 국어 실력, 국어적 사고 능력을 길러 주는 기반이 됩니다. 『또모야』로 우리 말과 글에 흥미도 가지고 기초적이고 기본적인 국어 능력도 다지시기를 바랍니다.

이병규

이래서 좋아요

학습 내용과 방법의 효과를 검증하였습니다.

『또모야』에서 구현하고 있는 학습 내용과 방법은 초등학교 1학년 학생들에게 적용하여 그 효과가 탁월하다는 것을 논문으로 검증한 후, 그 결과를 바탕으로 전권을 개발하였습니다.

한글 자음자와 모음자를 쉽게 배울 수 있습니다.

훈민정음 해례본에서는 '훈민정음(한글)'은 "슬기로운 사람은 하루아침에 배울 수 있고, 어리석은 자도 열흘이면 배울 수 있다."라고 했습니다. 그 이유는 상형(象形), 가획(加劃), 합용(合用)의 원리로 훈민정음을 만들었기 때문입니다.

기본 자음자 'ㄱ, ㄴ, ㅁ, ㅅ, ㅇ'과 기본 모음자 'ㆍ, ㅡ, ㅣ'를 '상형'[발음 기관과 천지인(天地人)을 본 땀]의 원리에 따라 만들고, 각각을 가획(획을 더함: ㄴ → ㄷ → ㅌ)과 합용(기본 글자를 서로 더함: ㆍ + ㅣ → ㅓ)'의 원리로 문자를 확장해 갔기 때문에, 이 세 원리를 알면 한글을 쉽게 익힐 수 있습니다. 『또모야』1권, 2권에서는 이 세 가지 원리를 초등학생 인지 수준에 맞게 재해석하여 자음자, 모음자를 쉽게 익힐 수 있도록 31단계로 세분하였습니다.

한글 받아쓰기를 쉽게 익힐 수 있습니다.

『또모야』의 2권, 3권, 4권에서는 받아쓰기 학습에서 어려움을 겪는 말들(걸음[거름], 같이[가치], 학교[학꾜])을 익히기 위하여 그 위계를 42단계로 세분하였습니다. 받아쓰기 위계는 학습자의 인지 발달 수준에 맞게 한글 맞춤법을 재해석하여 구성하였습니다. 그리고 그 표기와 일치하지 않는 '표준 발음'을 큐아르(QR) 코드와 연결하여 글자와 발음을 비교하며 익힐 수 있도록 하였습니다. 이런 방식의 교재 구성은 『또모야』가 최초라고 할 수 있습니다.

학습 단계가 매우 체계적입니다.

『또모야』는 모두 4권으로 분권되어 있으며, 대단원 15개 단계와 소단원 73개 단계로 체계화되어 있습니다. 각 소단원은 '왜 그럴까요 → 한 걸음, 두 걸음 → 실력이 쑥쑥 → 더 나아가기 → 글씨 쓰기 연습(부록)'으로 구성하여, 학습 내용을 쉬운 것에서 어려운 것으로, 단순한 것에서 복잡한 것으로, 낱말에서 구·문장으로 확장하였습니다.

재미있게 공부할 수 있습니다.

『또모야』는 추상적인 언어적 설명보다 교과서 수준에 버금가는 삽화나, 만화, 게임, 노래, 이야기, 십자풀이, 소리 등을 활용하였습니다. 특히 큐아르(QR) 코드를 활용하여 발음을 직접 듣고, 발음할 때 입모양의 변화를 확인할 수 있습니다.

스토리텔링 기법을 도입하여 흥미 있게 공부할 수 있습니다.

스토리텔링(story-telling) 기법을 도입하여 '모도리'와 '또바기'라는 등장인물을 설정하고 이들이 1권부터 4권까지 학습을 이끌어 가는 과정을 이야기화하여 학습자들이 흥미 있게 공부하고 오랜 시간 집중할 수 있습니다.

초등학생들을 가르친 경험이 풍부한 최고의 전문가들이 만들었습니다.

『또모야』의 저자들은 초등 국어 교육 및 한글 교육의 전문가이며, 초등학교에서 오랫동안 국어와 한글을 가르쳐 온 현장 전문가로, 이론과 교육 현장의 경험을 겸비하고 있습니다.

학습 어휘는 국어·사회·과학 등의 교과서에서 선정하였습니다.

『또모야』에서 사용하고 있는 낱말, 구, 문장 대부분은 초등학교 교과서와 초등학생용 국어사전을 바탕으로 하였습니다. 교과서에 나타나는 어휘를 빈도별로 정리한 국립국어원의 『초등학교 교과서 어휘 빈도 조사』에서 어휘를 선정하고 초등학생용 국어사전과 교차 검토를 한 후, 의미적 난이도와 형태적 난이도를 고려하여 학습 어휘를 위계화하였습니다. 그래서 사회·과학 등 다른 과목 학습을 위한 배경지식도 넓힐 수 있습니다.

원리 학습을 통하여 사고력을 기를 수 있습니다.

『또모야』는 각 단원을 공부해 가는 과정에서 스스로 생각하여 문제를 해결할 수 있도록 구성함으로써, 인공지능(AI)으로 대표되는 4차 산업혁명 시대의 인재가 갖추어야 할 국어적 사고력을 기를 수 있습니다.

전권 내용 보기

이렇게 활용해요

대단원(15개)의 도입 활동으로, 공부할 내용을 재미있는 이야기와 그림을 통하여 떠올리는 활동입니다.

한 걸음, 두 걸음

소단원에서 공부할 자음자·모음자를 낱말, 그림, 소리와 함께 자기 주도적으로 학습할 수 있습니다. 그리고 글씨 쓰기 공책에 연습할 수 있습니다.

왜 그럴까요?

소단원(73개) 학습을 위한 도입 활동으로, 소단원의 공부할 문제를 그림이나 만화를 통하여 떠올리는 활동입니다.

실력이 쑥쑥

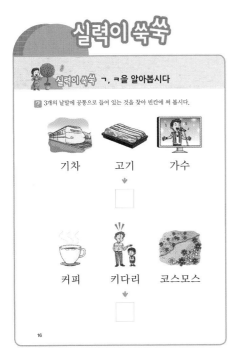

소단원의 공부할 문제를 학습자의 언어 수행 장면이나 그림, 이야기와 관련된 낱말을 통하여 학습할 수 있습니다. 그리고 글씨 쓰기 공책에 연습할 수 있습니다.

더 나아가기

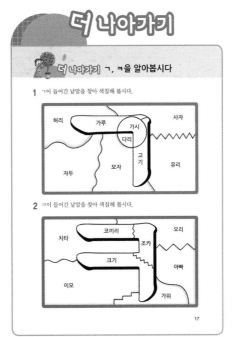

소단원에서 배운 내용을 게임, 퍼즐, 놀이, 노래, 그리기 활동 등으로 보충·심화합니다.

학습 도우미

학습 도우미가 어떤 일을 하는지 알아봅시다.

＋ 원리가 쏙쏙
모도리가 한글 학습을 위한 핵심 원리를 가르쳐 줍니다. '모도리'는 우리말로 '빈틈없이 아주 야무진 사람'을 뜻합니다.

＋ 이렇게 정리해요
또바기가 배운 내용을 정리합니다. '또바기'는 '언제나 한결같이'를 뜻합니다.

＋ 생각하기
자기 주도적으로 원리를 깨치도록 이끄는 생각 키우기 질문입니다.

＋ 글자 쓰기
학습 대상의 글자 형태를 나타냅니다.

＋ 소리와 발음
학습 대상의 발음을 나타냅니다.

＋ 생각 고리
본 학습에 도움이 되는 관련 소단원을 나타냅니다.

＋ QR코드
'표준 발음'을 큐아르(QR) 코드와 연결하여 글자와 발음을 비교하며 익힐 수 있습니다.

차례

홑자음자와 소리

• 홑자음자의 모양과 소리를 알아봅시다.

1 그림 속에 숨어 있는 ㄱ, ㅋ을 찾아 ◯표 해 봅시다.

2 소리 내어 따라 읽고 ㄱ, ㅋ의 소리를 비교해 봅시다.

아기

키

💡생각1하기 ㄱ, ㅋ의 모양을 비교해 보세요. 비슷한 점은 무엇인가요?

💡생각2하기 ㄱ, ㅋ의 모양에서 다른 점은 무엇인가요?

💡생각3하기 ㄱ, ㅋ이 있는 큰 글자만 소리 내어 따라 읽어 봅시다. 소리가 어떻게 다른가요?

원리가 쏙쏙

ㄱ, ㅋ은 모양이 아주 비슷하죠? ㅋ은 ㄱ에 ㅡ를 더하여 만들어요.

ㄱ ＋ ㅡ ＝ ㅋ

모양처럼 소리도 비슷하게 나요. 하지만 ㅋ은 ㄱ보다 더 센 소리처럼 느껴져요.

한 걸음, 두 걸음 ㄱ, ㅋ을 알아봅시다

1 ㄱ, ㅋ의 이름을 따라 읽고, 쓰는 순서를 알아봅시다.

ㄱ	ㄱ
기역	기역

ㅋ	ㅋ
키을	키을

2 ㄱ, ㅋ의 이름을 소리 내어 말하고, 선으로 이어 봅시다.

ㄱ •

ㅋ •

• 기역

• 기을

• 키을

• 키역

3 ㄱ의 소리를 알아봅시다. 소리 내어 따라 읽고, 따라 써 봅시다.

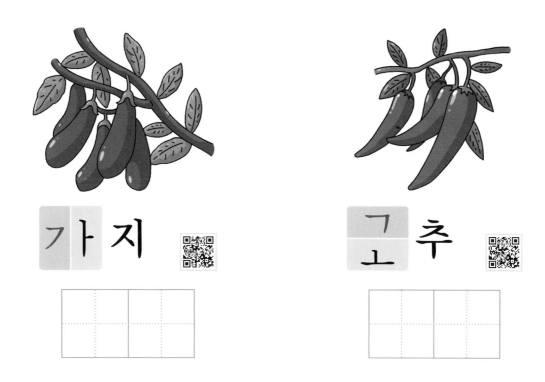

가지

고추

4 ㅋ의 소리를 알아봅시다. 소리 내어 따라 읽고, 따라 써 봅시다.

카메라

코

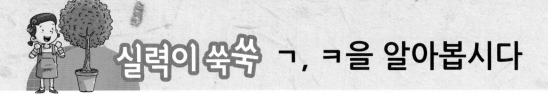

실력이 쑥쑥 ㄱ, ㅋ을 알아봅시다

❓ 3개의 낱말에 공통으로 들어 있는 것을 찾아 빈칸에 써 봅시다.

기차　　　고기　　　가수

⬇

커피　　　키다리　　　코스모스

⬇

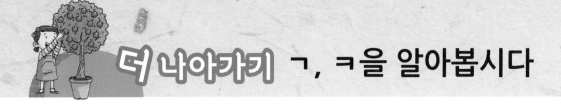

더 나아가기 ㄱ, ㅋ을 알아봅시다

1 ㄱ이 들어간 낱말을 찾아 색칠해 봅시다.

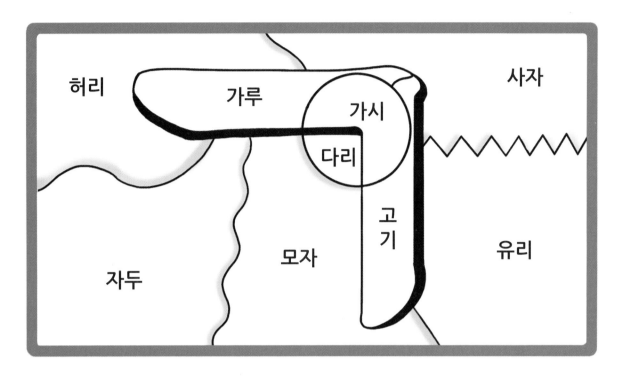

허리   가루   가시   사자
다리
고기   유리
자두   모자

2 ㅋ이 들어간 낱말을 찾아 색칠해 봅시다.

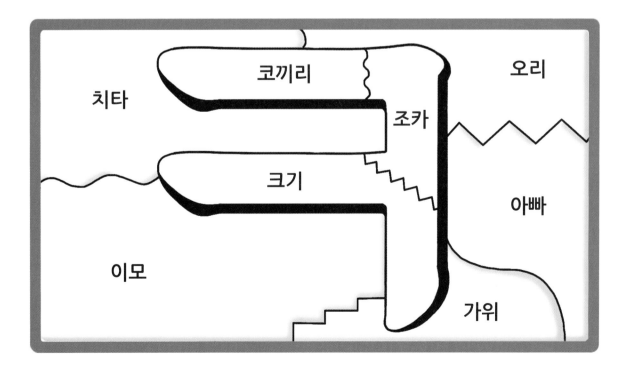

치타   코끼리   오리
조카
크기   아빠
이모   가위

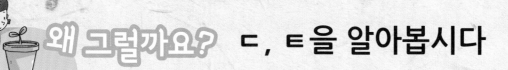

왜 그럴까요?　ㄷ, ㅌ을 알아봅시다

1 나무꾼이 잃어버린 물건을 찾지 못한 이유를 생각해 봅시다.

2 소리 내어 따라 읽고 ㄷ, ㅌ의 소리를 비교해 봅시다.

도끼 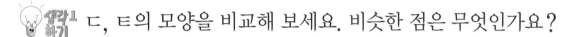　　　토끼

생각1하기 ㄷ, ㅌ의 모양을 비교해 보세요. 비슷한 점은 무엇인가요?

생각2하기 ㄷ, ㅌ의 모양에서 다른 점은 무엇인가요?

생각3하기 ㄷ, ㅌ이 있는 큰 글자만 소리 내어 따라 읽어 봅시다. 소리가 어떻게 다른가요?

 원리가쏙쏙

ㄷ, ㅌ은 모양이 아주 비슷하죠? ㅌ은 ㄷ에 ―를 더하여 만들어요.

ㄷ + ― = ㅌ

모양처럼 소리도 비슷하게 나요. 하지만 ㅌ은 ㄷ보다 더 센 소리처럼 느껴져요.

1 ㄷ, ㅌ의 이름을 따라 읽고, 쓰는 순서를 알아봅시다.

ㄷ	ㄷ	ㅌ	ㅌ
디귿	디귿	티읕	티읕

2 ㄷ, ㅌ의 이름을 소리 내어 말하고, 선으로 이어 봅시다.

ㄷ	•	•	디읃
		•	디귿
ㅌ	•	•	티읕
		•	티끝

3 ㄷ의 소리를 알아봅시다. 소리 내어 따라 읽고, 따라 써 봅시다.

다리

도로

4 ㅌ의 소리를 알아봅시다. 소리 내어 따라 읽고, 따라 써 봅시다.

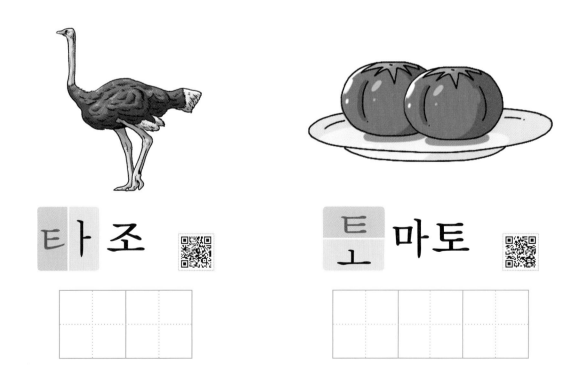

타조

토마토

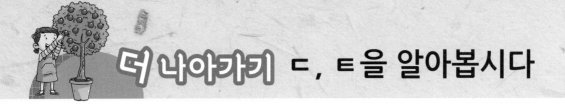

더 나아가기 ㄷ, ㅌ을 알아봅시다

1 ㄷ이 들어간 낱말을 찾아 색칠해 봅시다.

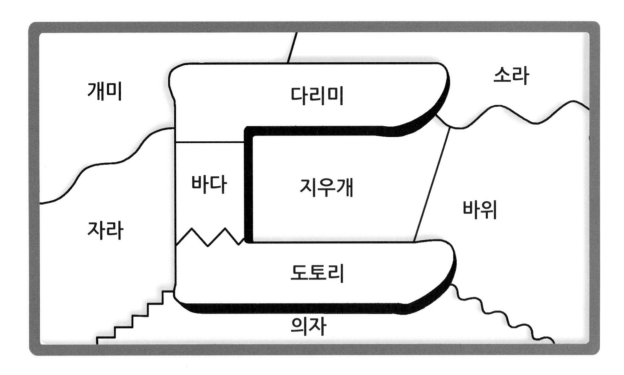

개미　　다리미　　소라

바다　　지우개

자라　　　　　　바위

도토리

의자

2 ㅌ이 들어간 낱말을 찾아 색칠해 봅시다.

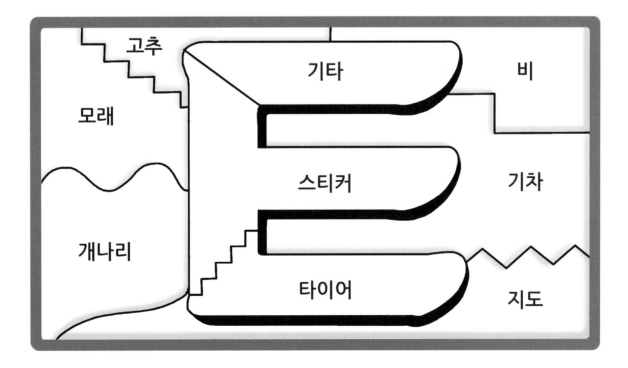

고추　　기타　　비

모래

스티커　　기차

개나리

타이어　　지도

23

1 그림 속에 숨어 있는 ㅁ, ㅂ, ㅍ을 찾아 ○표 해 봅시다.

2 소리 내어 따라 읽고 ㅁ, ㅂ, ㅍ의 소리를 비교해 봅시다.

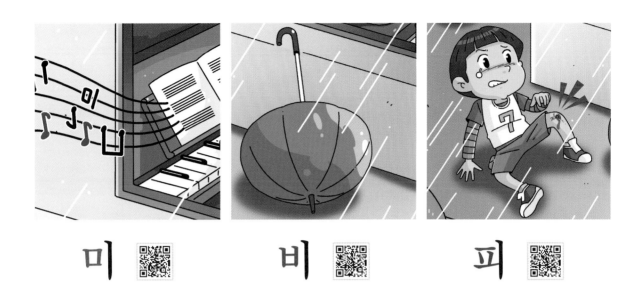

ㅁ   ㅂ   ㅍ

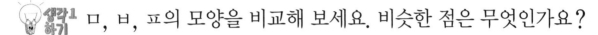 **생각하기1** ㅁ, ㅂ, ㅍ의 모양을 비교해 보세요. 비슷한 점은 무엇인가요?

생각하기2 ㅁ, ㅂ, ㅍ의 모양에서 다른 점은 무엇인가요?

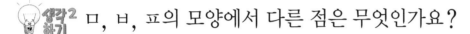 **생각하기3** 글자를 소리 내어 따라 읽어 봅시다. 소리가 어떻게 다른가요?

원리가 쏙쏙

ㅁ, ㅂ, ㅍ은 모양이 아주 비슷하죠? ㅂ은 ㅁ에 ㅣㅣ를 더하여 만들어요.

$$ㅁ \;+\; ㅣㅣ \;=\; ㅂ$$

ㅍ은 ㅁ에 ㅡㅡ를 더하여 만들어요.

$$ㅁ \;+\; ㅡㅡ \;=\; ㅍ$$

하지만 ㅁ보다 ㅂ이 더 센 소리처럼 느껴지고, ㅂ보다 ㅍ이 더 센 소리처럼 느껴져요.

한 걸음, 두 걸음 ㅁ, ㅂ, ㅍ을 알아봅시다

1 ㅁ, ㅂ, ㅍ의 이름을 따라 읽고, 쓰는 순서를 알아봅시다.

ㅁ	ㅁ		ㅂ	ㅂ
미음 	미음		비읍	비읍

ㅍ	ㅍ
피읖	피읖

2 낚싯대의 ㅁ, ㅂ, ㅍ의 이름을 말하고, 선으로 이어 봅시다.

미음

미움

비읍

비웁

피윰

피읍

3 ㅁ의 소리를 알아봅시다. 소리 내어 따라 읽고, 따라 써 봅시다.

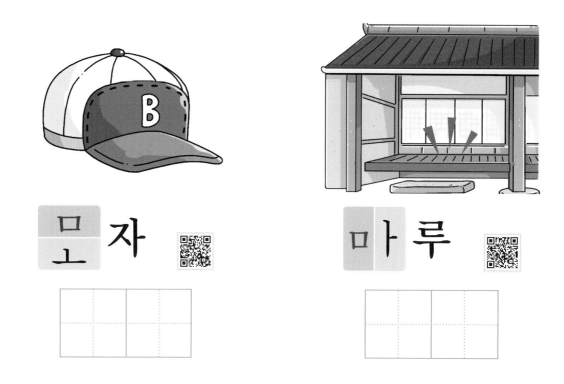

모 자

마 루

4 ㅂ의 소리를 알아봅시다. 소리 내어 따라 읽고, 따라 써 봅시다.

바 다

보 조개

ㅍ의 소리를 알아봅시다. 소리 내어 따라 읽고, 따라 써 봅시다.

파 도

포 도

모도리와 또바기가 빨래를 하고 있어요. 그림에 알맞은 낱말이
되도록 빈칸을 채워 봅시다.

치 ㅏ

ㅣ누

ㅏ지

더 나아가기 ㅁ, ㅂ, ㅍ을 알아봅시다

1 ㅁ이 들어간 낱말을 찾아 색칠해 봅시다.

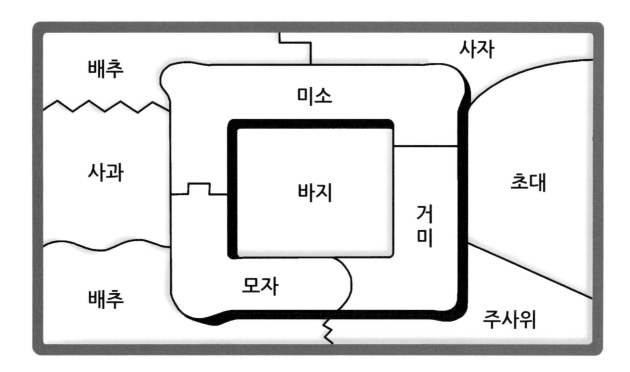

배추

사자

미소

배추

사과

바지

초대

거미

모자

주사위

2 ㅍ이 들어간 낱말을 찾아 색칠해 봅시다.

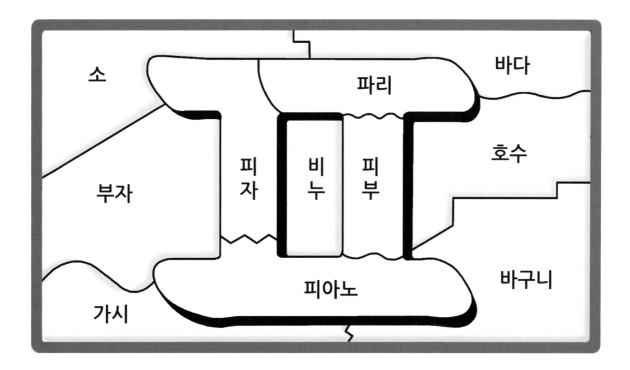

소

바다

파리

부자

피자

비누

피부

호수

피아노

바구니

가시

4 왜 그럴까요? ㅅ, ㅈ, ㅊ을 알아봅시다

1 엄마가 웃음을 터뜨린 이유를 생각해 봅시다.

엄마는 장 보고 갈게!
이모랑 집에 가 있어.

집에 잘 도착했니?

네.

어떻게 갔니?

자를 타고 왔어요.

2 소리 내어 따라 읽고 ㅅ, ㅈ, ㅊ의 소리를 비교해 봅시다.

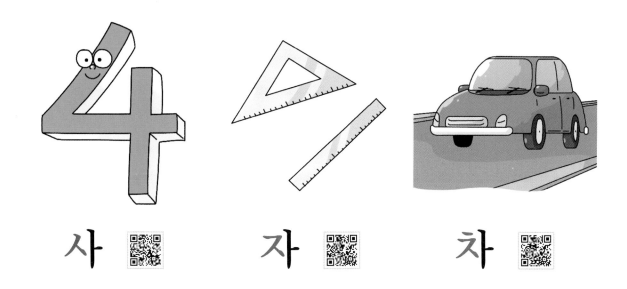

사　　　자　　　차

💡생각하기1 ㅅ, ㅈ, ㅊ의 모양을 비교해 보세요. 비슷한 점은 무엇인가요?

💡생각하기2 ㅅ, ㅈ, ㅊ의 모양에서 다른 점은 무엇인가요?

💡생각하기3 글자를 소리 내어 따라 읽어 봅시다. 소리가 어떻게 다른가요?

ㅅ, ㅈ, ㅊ은 모양이 아주 비슷하죠? ㅈ은 ㅅ에 ─를 더하여 만들어요.

ㅅ ＋ ─ ＝ ㅈ

ㅊ은 ㅈ에 ˉ를 더하여 만들어요.

ㅈ ＋ ˉ ＝ ㅊ

모양처럼 소리도 비슷하게 나요. 하지만 ㅅ보다 ㅈ이 더 센 소리처럼 느껴지고, ㅈ보다 ㅊ이 더 센 소리처럼 느껴져요.

한 걸음, 두 걸음 ㅅ, ㅈ, ㅊ을 알아봅시다

1 ㅅ, ㅈ, ㅊ의 이름을 따라 읽고, 쓰는 순서를 알아봅시다.

ㅅ	ㅅ
시옷	시옷

ㅈ	ㅈ
지읒	지읒

ㅊ	ㅊ
치읓	치읓

34

2 또바기의 풍선 속 ㅅ, ㅈ, ㅊ의 이름을 소리 내어 말하고, 선으로 이어 봅시다.

3 ㅅ의 소리를 알아봅시다. 소리 내어 따라 읽고, 따라 써 봅시다.

시소

야수

4 ㅈ의 소리를 알아봅시다. 소리 내어 따라 읽고, 따라 써 봅시다.

지구

주사

5 ㅊ의 소리를 알아봅시다. 소리 내어 따라 읽고, 따라 써 봅시다.

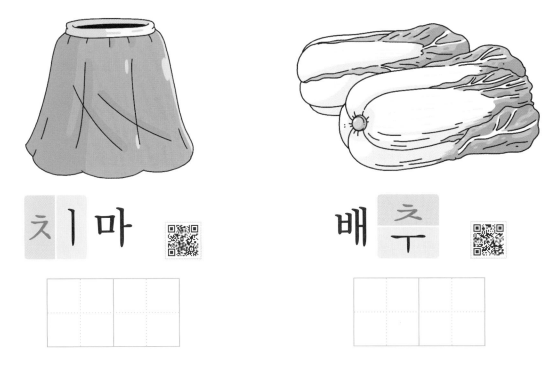

치마

배추

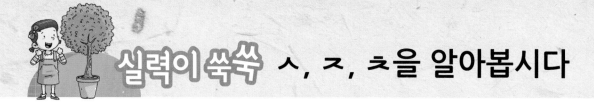
? 3개의 낱말에 공통으로 들어 있는 것을 찾아 빈칸에 써 봅시다.

세수   소리   이사

자두   주머니   사자

더 나아가기 ㅅ, ㅈ, ㅊ을 알아봅시다

1 ㅈ이 들어간 낱말을 찾아 색칠해 봅시다.

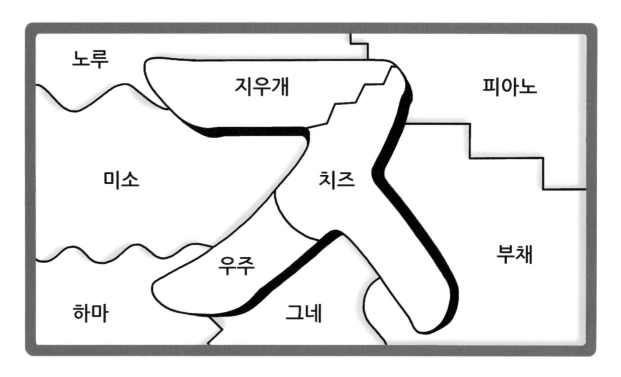

노루   지우개   피아노

미소   치즈

우주   부채

하마   그네

2 ㅊ이 들어간 낱말을 찾아 색칠해 봅시다.

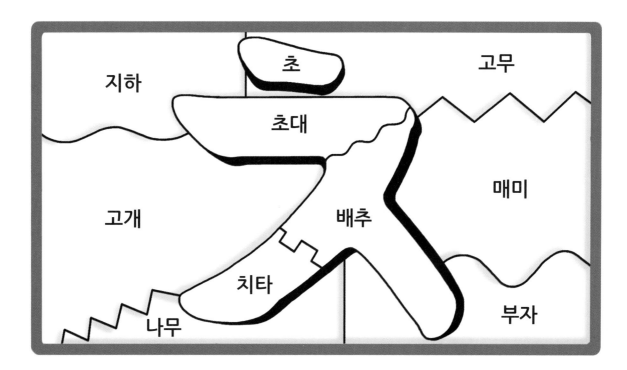

지하   초   고무

초대

고개   배추   매미

치타

나무   부자

왜 그럴까요? ㄴ, ㄹ을 알아봅시다

1 그림 속에 숨어 있는 ㄴ, ㄹ을 찾아 ○표 해 봅시다.

2 소리 내어 따라 읽고 ㄴ, ㄹ의 소리를 비교해 봅시다.

어머니

머리

💡생각¹하기 ㄴ, ㄹ의 모양을 비교해 보세요. 비슷한 점은 무엇인가요?

💡생각²하기 ㄴ, ㄹ의 모양에서 다른 점은 무엇인가요?

💡생각³하기 ㄴ, ㄹ이 있는 큰 글자만 소리 내어 따라 읽어 봅시다. 소리가 어떻게 다른가요?

원리가 쏙쏙

ㄴ, ㄹ은 모양과 소리가 모두 다릅니다.

ㄹ은 혀가 구르면서 소리가 나 ㄴ보다 더 부드러운 소리처럼 느껴져요.

1 ㄴ, ㄹ의 이름을 따라 읽고, 쓰는 순서를 알아봅시다.

ㄴ	ㄴ
니은	니은

ㄹ	ㄹ
리을	리을

2 ㄴ, ㄹ의 이름을 소리 내어 말하고, 선으로 이어 봅시다.

ㄴ •

ㄹ •

• 니은

• 니응

• 리을

• 리은

3 ㄴ의 소리를 알아봅시다. 소리 내어 따라 읽고, 따라 써 봅시다.

바나나

누나

4 ㄹ의 소리를 알아봅시다. 소리 내어 따라 읽고, 따라 써 봅시다.

보라

가루

❓ 그림에 알맞은 낱말이 되도록 빈칸을 채워 봅시다.

ㅏ비

소ㅏ무

해바ㅏ기

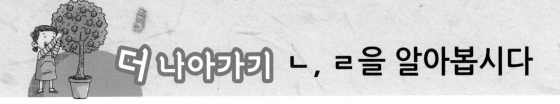

더 나아가기 ㄴ, ㄹ을 알아봅시다

1 ㄴ이 들어간 낱말을 찾아 색칠해 봅시다.

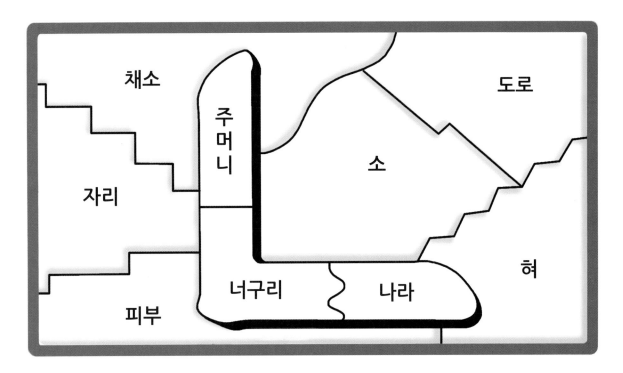

채소
주머니
도로
자리
소
너구리
나라
혀
피부

2 ㄹ이 들어간 낱말을 찾아 색칠해 봅시다.

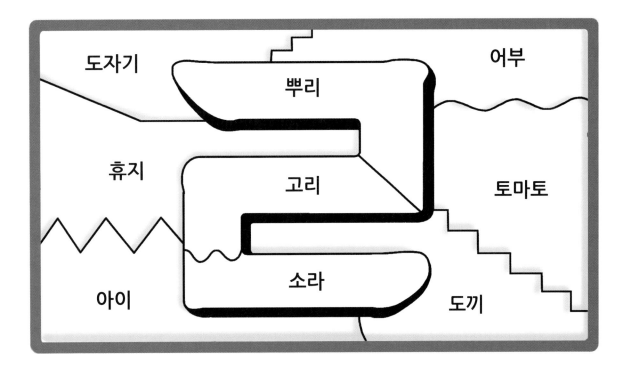

도자기
뿌리
어부
휴지
고리
토마토
소라
아이
도끼

6 왜 그럴까요? ㅇ, ㅎ을 알아봅시다

1 엄마가 소풍 장소를 알고 나서 깜짝 놀란 이유를 생각해 봅시다.

2 소리 내어 따라 읽고 ㅇ, ㅎ의 소리를 비교해 봅시다.

오수

호수

생각하기1 ㅇ, ㅎ의 모양을 비교해 보세요. 비슷한 점은 무엇인가요?

생각하기2 ㅇ, ㅎ의 모양에서 다른 점은 무엇인가요?

생각하기3 ㅇ, ㅎ이 있는 큰 글자만 소리 내어 따라 읽어 봅시다. 소리가 어떻게 다른가요?

ㅇ, ㅎ은 모양이 아주 비슷하죠? ㅎ은 ㅇ에 ㅡ를 더하여 만들어요.
모양은 비슷하지만 소리는 다르게 납니다.

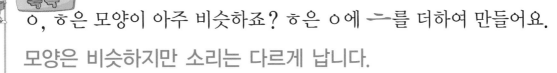

한 걸음, 두 걸음 ㅇ, ㅎ을 알아봅시다

1 ㅇ, ㅎ의 이름을 따라 읽고, 쓰는 순서를 알아봅시다.

*ㅎ의 이름은 [히읃]으로 읽어요.

ㅇ	ㅇ		ㅎ	ㅎ
이응	이응		히읗	히읗

2 ㅇ, ㅎ의 이름을 소리 내어 말하고, 선으로 이어 봅시다.

 •

         • 이응

         • 이웅

 •

         • 히웅

         • 히읗

3 ㅇ의 소리를 알아봅시다. 소리 내어 따라 읽고, 따라 써 봅시다.

어머니

오리

4 ㅎ의 소리를 알아봅시다. 소리 내어 따라 읽고, 따라 써 봅시다.

허리

호두

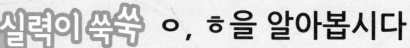

? 그림에 알맞은 낱말이 되도록 빈칸을 채워 봅시다.

ㅓ수아비

ㅗ두

ㅗ이

더 나아가기 ㅇ, ㅎ을 알아봅시다

1 ㅇ이 들어간 낱말을 찾아 색칠해 봅시다.

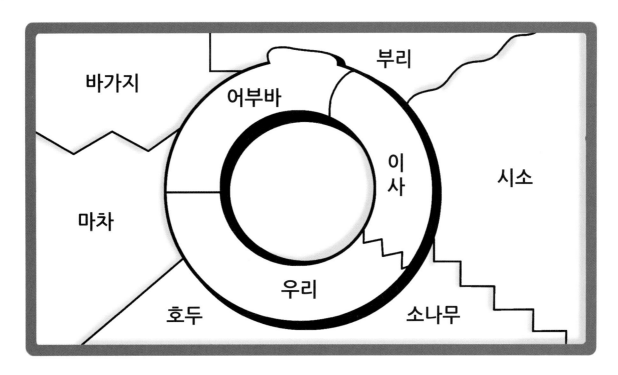

바가지
어부바
부리
이사
시소
마차
우리
호두
소나무

2 ㅎ이 들어간 낱말을 찾아 색칠해 봅시다.

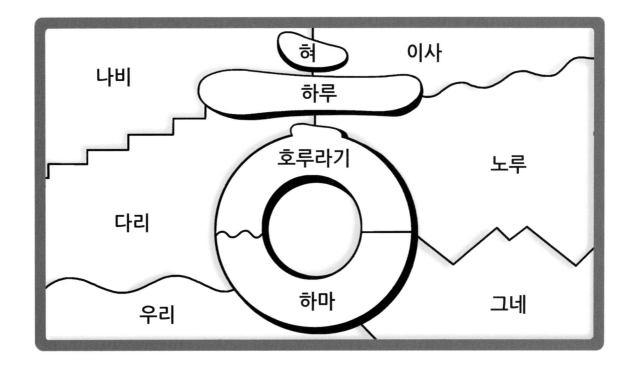

혀
이사
나비
하루
호루라기
노루
다리
우리
하마
그네

51

지금까지 배운 글자들을 '자음자'라고 해요.

지금까지 배운 자음자를 순서대로 쓰고 읽어 봅시다.

ㄱ 기역	ㄱ				
ㄴ 니은	ㄴ				
ㄷ 디귿	ㄷ				
ㄹ 리을	ㄹ				
ㅁ 미음	ㅁ				
ㅂ 비읍	ㅂ				
ㅅ 시옷	ㅅ				

ㅇ 이응	ㅇ				
ㅈ 지읒	ㅈ				
ㅊ 치읓	ㅊ				
ㅋ 키읔	ㅋ				
ㅌ 티읕	ㅌ				
ㅍ 피읖	ㅍ				
ㅎ 히읗	ㅎ				

2장

쌍자음자와 소리

• 쌍자음자의 모양과 소리를 알아봅시다.

7

왜 그럴까요? ㄲ을 알아봅시다

1 또바기와 엄마가 생각한 것이 서로 달라요. 또바기의 문자 메시지에서 고쳐야 할 글자가 무엇인지 생각해 봅시다.

또바기 어디니?
집이니?

네, 아가 왔어요.

2 소리 내어 따라 읽고, ㄲ의 소리를 알아봅시다.

아가

아까

생각하기1 ㄱ과 ㄲ의 모양을 비교해 보세요. 공통점은 무엇인가요?

생각하기2 ㄱ과 ㄲ의 모양에서 다른 점은 무엇인가요?

생각하기3 ㄱ, ㄲ이 있는 큰 글자만 소리 내어 따라 읽어 봅시다. 소리가 어떻게 다른가요?

원리가 쏙쏙

ㄲ은 두 개의 ㄱ을 합쳐 만들어요.

ㄱ + ㄱ = ㄲ

ㄲ은 ㄱ과 비슷하게 소리 나지만, 더 강한 소리처럼 느껴져요.

57

1 ㄲ의 이름을 따라 읽고, 쓰는 순서를 알아봅시다.

ㄲ	ㄲ	ㄲ	ㄲ
쌍기역	쌍기역	쌍기역	쌍기역

2 ㄲ의 이름을 소리 내어 말하고, 선으로 이어 봅시다.

ㄱ •

ㄲ •

• 기역

• 기윽

• 쌍기역

• 쌍기윽

58

3 ㄲ의 소리를 알아봅시다. 소리 내어 따라 읽고, 따라 써 봅시다.

까치

코끼리

미꾸라지

꼬치

그림에 알맞은 낱말이 되도록 빈칸을 채워 봅시다.

ㅏ마귀 조ㅣ

시ㅡ러워 미ㅡ러워

❓ 목마른 또바기가 물을 먹으러 가려고 해요. ㄲ이 들어간 낱말을 찾아 길을 따라가 물이 있는 곳까지 가 봅시다.

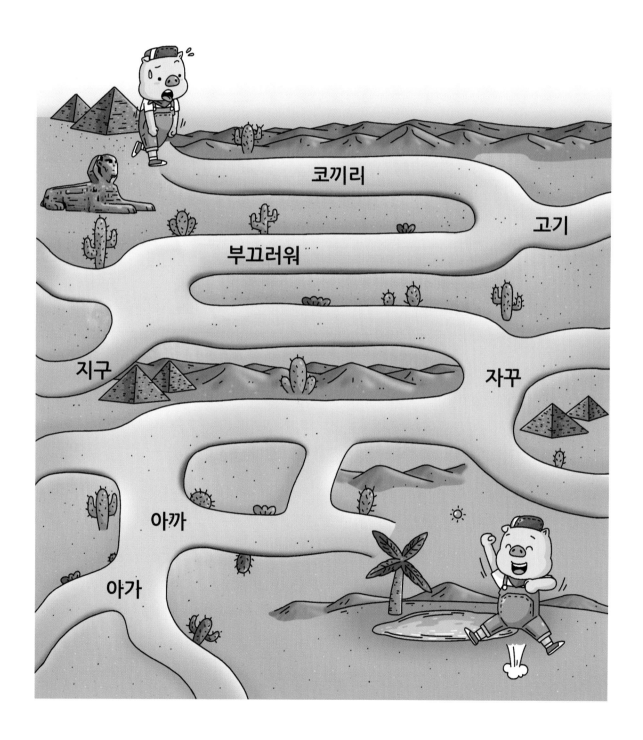

8

왜 그럴까요? ㄸ, ㅃ을 알아봅시다

1 그림 속에 숨어 있는 ㄸ, ㅃ을 찾아 ○표 해 봅시다.

2 소리 내어 따라 읽고 ㄸ, ㅃ의 소리를 비교해 봅시다.

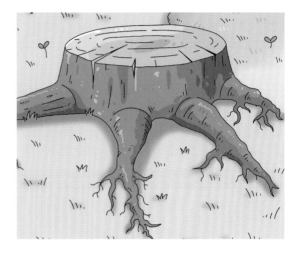

머리띠

뿌리

💡 **생각1 하기** ㄸ은 어떤 자음자 두 개를 합쳐서 만든 걸까요?

💡 **생각2 하기** ㅃ은 어떤 자음자 두 개를 합쳐서 만든 걸까요?

💡 **생각3 하기** 💡 **생각1** 에서 찾은 자음자를 '머리띠'의 'ㄸ' 대신에 넣어 말해 봅시다. 소리가 어떻게 다른가요?

원리가 쏙쏙

ㄸ은 두 개의 ㄷ을 합쳐 만들어요.

ㄷ + ㄷ = ㄸ

ㄸ은 ㄷ과 비슷하게 소리 나지만, 더 강한 소리처럼 느껴져요.
ㅃ은 두 개의 ㅂ을 합쳐 만들어요.

ㅂ + ㅂ = ㅃ

ㅃ도 ㅂ과 비슷하게 소리 나지만, 더 강한 소리처럼 느껴져요.

한 걸음, 두 걸음 ㄸ, ㅃ을 알아봅시다

1 ㄸ, ㅃ의 이름을 따라 읽고, 쓰는 순서를 알아봅시다.

ㄸ	ㄸ
쌍디귿	쌍디귿

ㅃ	ㅃ
쌍비읍	쌍비읍

2 ㄸ, ㅃ의 이름을 소리 내어 말하고, 선으로 이어 봅시다.

ㄸ	•	• 쌍디을
		• 쌍디귿
ㅃ	•	• 쌍비읍
		• 쌍비읍

3 ㄸ의 소리를 알아봅시다. 소리 내어 따라 읽고, 따라 써 봅시다.

보**따**리

메**뚜**기

4 ㅃ의 소리를 알아봅시다. 소리 내어 따라 읽고, 따라 써 봅시다.

뻐꾸기

기**쁘**다

실력이 쑥쑥 ㄸ, ㅃ을 알아봅시다

❓ 그림에 알맞은 낱말이 되도록 빈칸을 채워 봅시다.

더 나아가기 ㄸ, ㅃ을 알아봅시다

1 ㄸ이 들어간 낱말을 찾아 색칠해 봅시다.

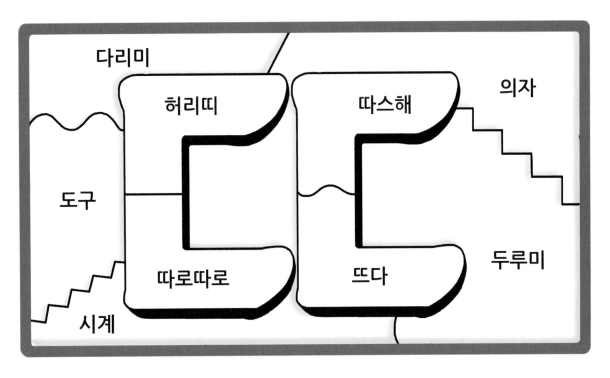

다리미
허리띠
따스해
의자
도구
두루미
따로따로
뜨다
시계

2 ㅃ이 들어간 낱말을 찾아 색칠해 봅시다.

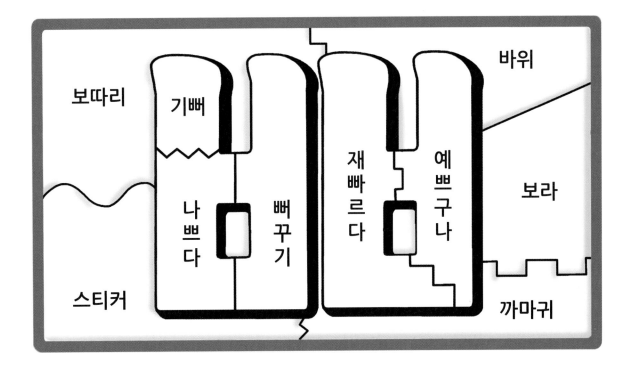

보따리
기뻐
바위
나쁘다
뻐꾸기
재빠르다
예쁘구나
보라
스티커
까마귀

왜 그럴까요? ㅆ, ㅉ을 알아봅시다

1 그림 속에 숨어 있는 ㅆ, ㅉ을 찾아 ○표 해 봅시다.

2 소리 내어 따라 읽고 ㅆ, ㅉ의 소리를 비교해 봅시다.

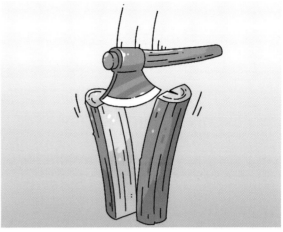

싸다

쪼개다

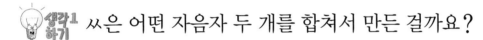 **생각1** 하기 ㅆ은 어떤 자음자 두 개를 합쳐서 만든 걸까요?

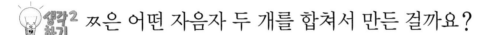 **생각2** 하기 ㅉ은 어떤 자음자 두 개를 합쳐서 만든 걸까요?

생각3 하기 **생각1** 하기 에서 찾은 자음자를 '싸다'의 'ㅆ' 대신에 넣어 말해 봅시다.
소리가 어떻게 다른가요?

 **원리가 쏙쏙**

ㅆ은 두 개의 ㅅ을 합쳐 만들어요.

$$ㅅ + ㅅ = ㅆ$$

ㅆ은 ㅅ과 비슷하게 소리 나지만, 더 강한 소리처럼 느껴져요.

ㅉ은 두 개의 ㅈ을 합쳐 만들어요.

$$ㅈ + ㅈ = ㅉ$$

ㅉ은 ㅈ과 비슷하게 소리 나지만, 더 강한 소리처럼 느껴져요.

1 　ㅆ, ㅉ의 이름을 따라 읽고, 쓰는 순서를 알아봅시다.

ㅆ	ㅆ
쌍시옷	쌍시옷

ㅉ	ㅉ
쌍지읏	쌍지읏

2 　ㅆ, ㅉ에 맞는 이름을 소리 내어 말하고, 선으로 이어 봅시다.

ㅆ	•		• 쌍시옷
			• 쌍시옷
			• 쌍지읏
ㅉ	•		• 쌍지읏

3 씨의 소리를 알아봅시다. 소리 내어 따라 읽고, 따라 써 봅시다.

씨

쓰레기

4 ㅉ의 소리를 알아봅시다. 소리 내어 따라 읽고, 따라 써 봅시다.

짜다

쪼다

❓ 3개의 낱말에 공통으로 들어 있는 자음자를 찾아 빈칸에 써 봅시다.

아저씨   쏘다   쓰기

⬇

☐

찌르다   찌꺼기   쭈르르

⬇

☐

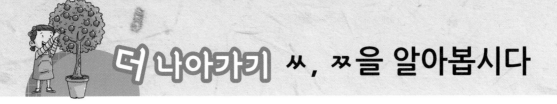

더 나아가기 ㅆ, ㅉ을 알아봅시다

1 ㅆ이 들어간 낱말을 찾아 색칠해 봅시다.

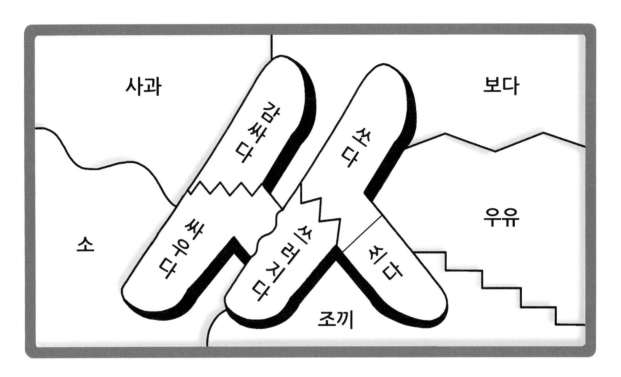

사과

보다

감싸다

쓰다

소

짜우다

쓰러지다

시다

우유

조끼

2 ㅉ이 들어간 낱말을 찾아 색칠해 봅시다.

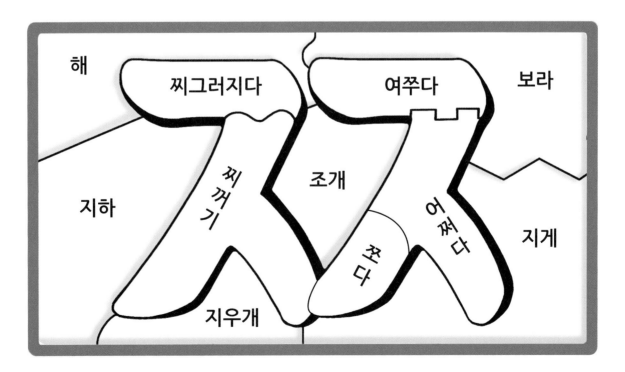

해

찌그러지다

여쭈다

보라

지하

찌꺼기

조개

어쩌다

지게

쪼다

지우개

지금까지 배운 글자들을 '쌍자음자'라고 해요.

지금까지 배운 쌍자음자를 순서대로 쓰고 읽어 봅시다.

ㄲ 쌍기역	ㄲ				
ㄸ 쌍디귿	ㄸ				
ㅃ 쌍비읍	ㅃ				
ㅆ 쌍시옷	ㅆ				
ㅉ 쌍지읒	ㅉ				

3장

단순 모음자와 소리

• 단순 모음자의 모양과 소리를 알아봅시다.

10

왜 그럴까요? ㅣ를 알아봅시다

1 그림 속에 숨어 있는 ㅣ를 찾아 ○표 해 봅시다.

2 소리 내어 따라 읽고, ㅣ의 소리를 알아봅시다.

거미

이끼

생각 하기 1 ㅣ가 있는 큰 글자만 따라 읽어 봅시다. 어떤 소리가 공통으로 나나요?

원리가 쏙쏙

위아래로 길쭉한 모양의 ㅣ는 [이] 소리가 나요.
앞에서 배운 자음자와 ㅣ가 합쳐져 여러 가지 글자를 만들어요.

ㅁ + ㅣ = 미

ㄲ + ㅣ = 끼

1 ㅣ의 이름을 따라 읽고, 쓰는 순서를 알아봅시다.

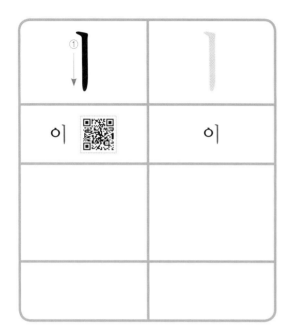

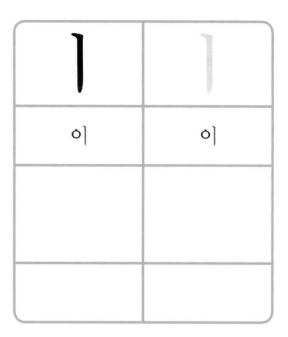

2 ㅣ의 이름을 소리 내어 말하고, 선으로 이어 봅시다.

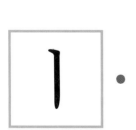

히

미

이

3 ㅣ의 소리를 알아봅시다. 소리 내어 따라 읽고, 따라 써 봅시다.

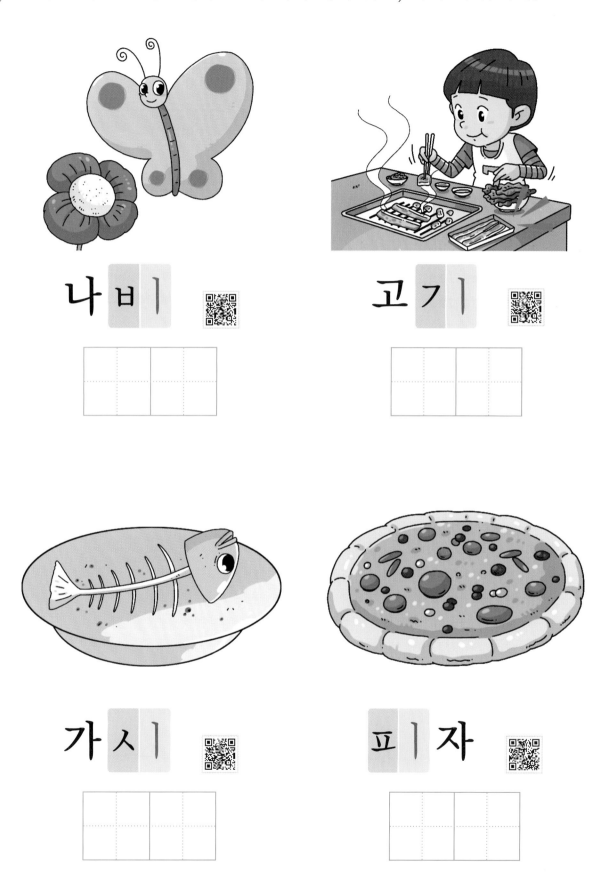

나비

고기

가시

피자

실력이 쑥쑥 ㅣ를 알아봅시다

그림에 알맞은 낱말이 되도록 빈칸을 채워 봅시다.

뿌리

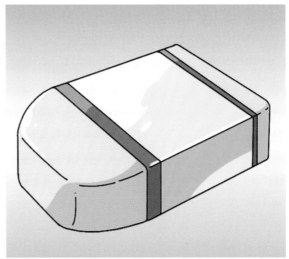

지우개

머리띠

주머니

82

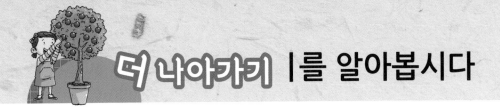
❓ 또바기가 예쁜 꽃을 보러 가려고 해요. ㅣ가 들어간 낱말만 찾아 길을 따라가 꽃이 있는 곳까지 가 봅시다.

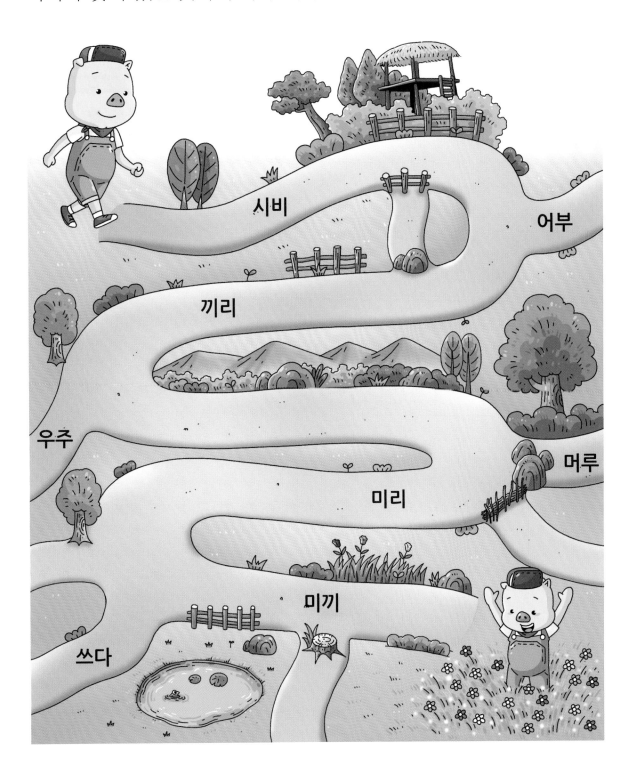

11

왜 그럴까요? ㅏ, ㅑ를 알아봅시다

1 그림 속에 숨어 있는 ㅏ, ㅑ를 찾아 ○표 해 봅시다.

2 소리 내어 따라 읽고 ㅏ, ㅑ의 소리를 비교해 봅시다.

아기 　　　　이야기

💡 **생각하기1** ㅏ, ㅑ의 모양을 비교해 보세요. 어떤 점이 다른가요?

💡 **생각하기2** 앞에서 배운 ㅣ와 ㅏ의 모양을 비교해 보세요. 어떤 점이 다른 가요?

💡 **생각하기3** ㅏ, ㅑ가 있는 큰 글자만 소리 내어 따라 읽어 봅시다. 소리가 어떻게 다른가요?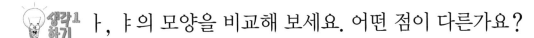

원리가 쏙쏙

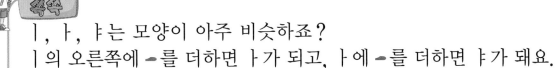

ㅣ, ㅏ, ㅑ는 모양이 아주 비슷하죠?
ㅣ의 오른쪽에 ─를 더하면 ㅏ가 되고, ㅏ에 ─를 더하면 ㅑ가 돼요.

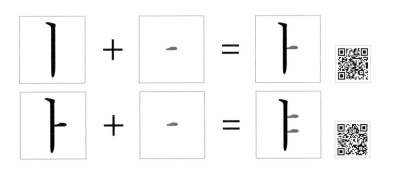

85

한 걸음, 두 걸음 ㅏ, ㅑ를 알아봅시다

1 ㅏ, ㅑ의 이름을 따라 읽고, 쓰는 순서를 알아봅시다.

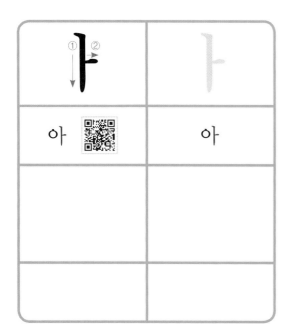

2 ㅏ, ㅑ의 이름을 소리 내어 말하고, 선으로 이어 봅시다.

3 ㅏ의 소리를 알아봅시다. 소리 내어 따라 읽고, 따라 써 봅시다.

나

아버지

4 ㅑ의 소리를 알아봅시다. 소리 내어 따라 읽고, 따라 써 봅시다.

야구

야채

실력이 쑥쑥 ㅏ,ㅑ를 알아봅시다

❓ 2개의 낱말에 공통으로 들어 있는 것을 찾아 빈칸에 써 봅시다.

이랴

야호

⬇

파리

카드

⬇

더 나아가기 ㅏ, ㅑ를 알아봅시다

1 ㅏ가 들어간 낱말을 찾아 색칠해 봅시다.

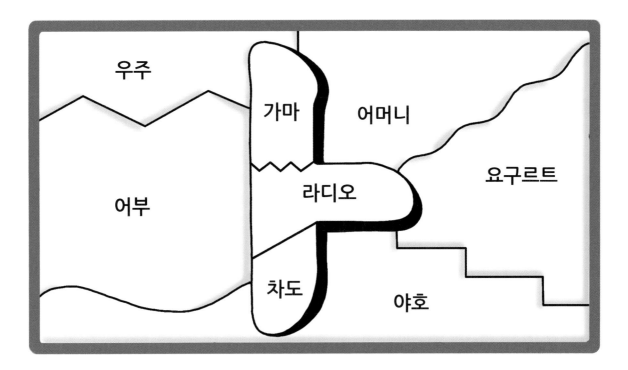

우주
가마　어머니
요구르트
어부
라디오
차도　야호

2 ㅑ가 들어간 낱말을 찾아 색칠해 봅시다.

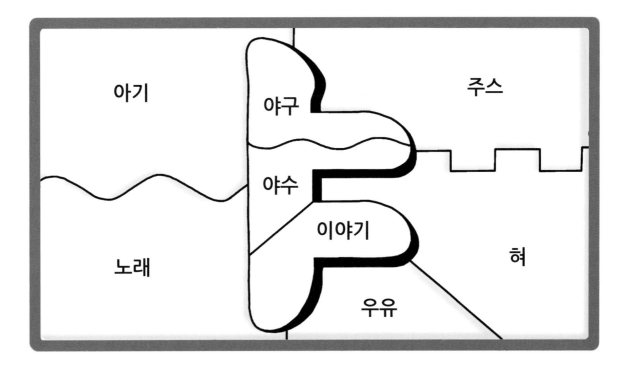

아기
야구　주스
야수
이야기
노래　혀
우유

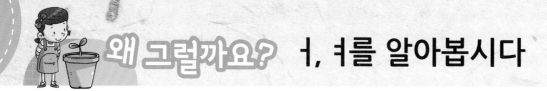

12

왜 그럴까요? ㅓ, ㅕ를 알아봅시다

1 그림 속에 숨어 있는 ㅓ, ㅕ를 찾아 ○표 해 봅시다.

2 소리 내어 따라 읽고 ㅓ, ㅕ의 소리를 비교해 봅시다.

어부

여자

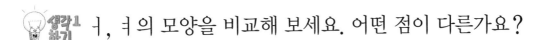생각¹하기 ㅓ, ㅕ의 모양을 비교해 보세요. 어떤 점이 다른가요?

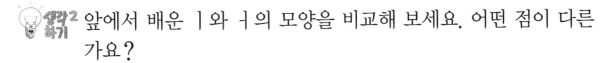생각²하기 앞에서 배운 ㅣ와 ㅓ의 모양을 비교해 보세요. 어떤 점이 다른 가요?

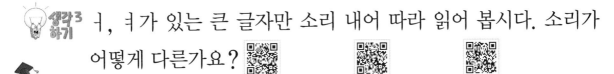생각³하기 ㅓ, ㅕ가 있는 큰 글자만 소리 내어 따라 읽어 봅시다. 소리가 어떻게 다른가요?

원리가 쏙쏙

ㅣ, ㅓ, ㅕ는 모양이 아주 비슷하죠?
ㅣ의 왼쪽에 ㅡ를 더하면 ㅓ가 되고, ㅓ에 ㅡ를 더하면 ㅕ가 돼요.

$$- \; + \; | \; = \; ㅓ$$

$$- \; + \; ㅓ \; = \; ㅕ$$

한 걸음, 두 걸음 ㅓ, ㅕ를 알아봅시다

1 ㅓ, ㅕ의 이름을 따라 읽고, 쓰는 순서를 알아봅시다.

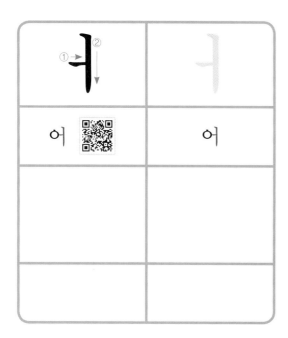

2 ㅓ, ㅕ의 이름을 소리 내어 말하고, 선으로 이어 봅시다.

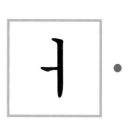

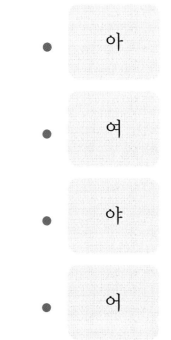

3 ㅓ의 소리를 알아봅시다. 소리 내어 따라 읽고, 따라 써 봅시다.

4 ㅕ의 소리를 알아봅시다. 소리 내어 따라 읽고, 따라 써 봅시다.

그림에 알맞은 낱말이 되도록 빈칸을 채워 봅시다.

ㅇ 보세요?

ㅇ 부

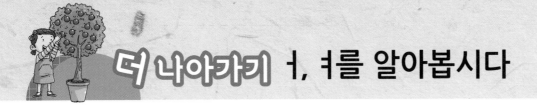

더 나아가기 ㅓ, ㅕ를 알아봅시다

1 ㅓ가 들어간 낱말을 찾아 색칠해 봅시다.

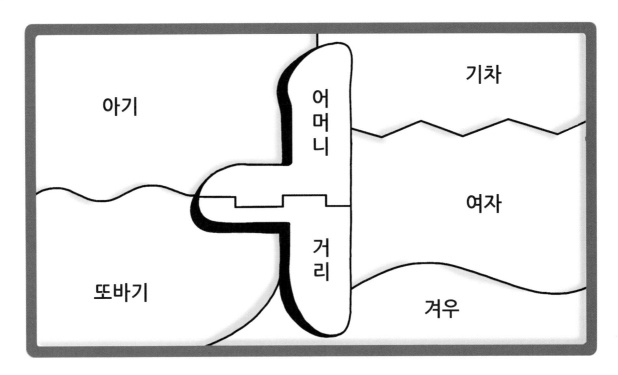

아기　어머니　기차
또바기　거리　여자
　겨우

2 ㅕ가 들어간 낱말을 찾아 색칠해 봅시다.

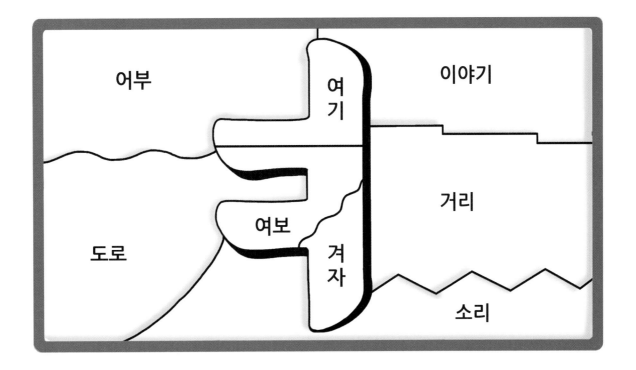

어부　여기　이야기
여보　거리
도로　겨자
　소리

13

왜 그럴까요? ㅡ 를 알아봅시다

1 그림 속에 숨어 있는 ㅡ를 찾아 ○표 해 봅시다.

2 소리 내어 따라 읽고, 공통된 소리를 찾아봅시다.

스케이트

아프다

생각1 하기 ㅡ가 있는 큰 글자만 소리 내어 따라 읽어 봅시다. 어떤 소리가 공통으로 나나요?

옆으로 기다란 모양의 ㅡ는 [으] 소리가 나요.
앞에서 배운 자음자와 ㅡ를 합쳐서 여러 가지 글자를 만들어요.

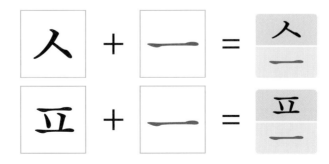

1 ─의 이름을 따라 읽고, 쓰는 순서를 알아봅시다.

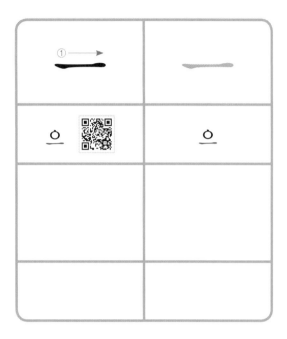
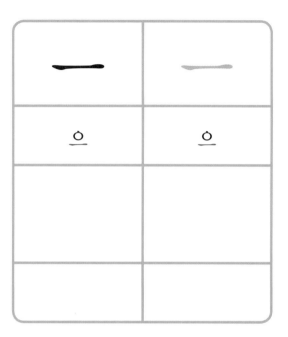

2 ─의 이름을 소리 내어 말하고, 선으로 이어 봅시다.

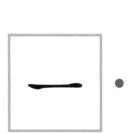

므

으

흐

3 ㅡ의 소리를 알아봅시다. 소리 내어 따라 읽고, 따라 써 봅시다.

그네

지느러미

주스

치즈

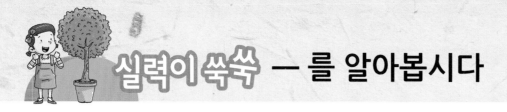

❓ 그림에 알맞은 낱말이 되도록 빈칸을 채워 봅시다.

크 레 파 스   그 리 다

테 이 프   자 르 다

100

더 나아가기 ― 를 알아봅시다

또바기가 스케이트를 타러 가려고 해요. '一'가 들어간 낱말만 따라가 스케이트장까지 가 봅시다.

14

왜 그럴까요? ㅗ, ㅛ를 알아봅시다

1 또바기의 질문에서 무엇이 잘못되었는지 생각해 봅시다.

2 소리 내어 따라 읽고 ㅗ, ㅛ의 소리를 비교해 봅시다.

오리 요리

💡**생각하기1** ㅗ, ㅛ의 모양을 비교해 보세요. 어떤 점이 다른가요?

💡**생각하기2** 앞에서 배운 ㅡ와 ㅗ의 모양을 비교해 보세요. 어떤 점이 다른가요?

💡**생각하기3** ㅗ, ㅛ가 있는 큰 글자만 소리 내어 따라 읽어 봅시다. 소리가 어떻게 다른가요?

원리가 쑥쑥

ㅡ, ㅗ, ㅛ는 모양이 아주 비슷하죠?
ㅡ의 위쪽에 ㅣ를 더하면 ㅗ가 되고, ㅗ에 ㅣ를 더하면 ㅛ가 돼요.

$$ㅡ + ㅣ = ㅗ$$

$$ㅗ + ㅣ = ㅛ$$

103

한 걸음, 두 걸음 ㅗ, ㅛ를 알아봅시다

1 ㅗ, ㅛ의 이름을 따라 읽고, 쓰는 순서를 알아봅시다.

ㅗ	ㅗ
오	오

ㅛ	ㅛ
요	요

2 ㅗ, ㅛ의 이름을 소리 내어 말하고, 선으로 이어 봅시다.

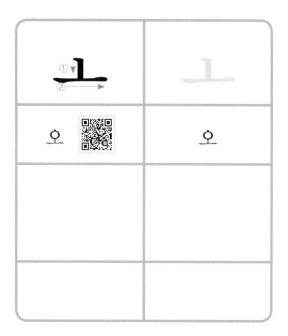

ㅗ •

ㅛ •

• 묘

• 요

• 모

• 오

104

3 ㅗ의 소리를 알아봅시다. 소리 내어 따라 읽고, 따라 써 봅시다.

모기

그리

4 ㅛ의 소리를 알아봅시다. 소리 내어 따라 읽고, 따라 써 봅시다.

묘기

요리사

❓ 그림에 알맞은 낱말이 되도록 빈칸을 채워 봅시다.

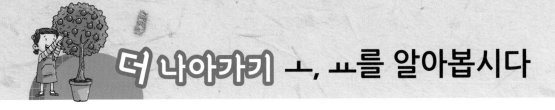

1 ㅗ가 들어간 낱말을 찾아 색칠해 봅시다.

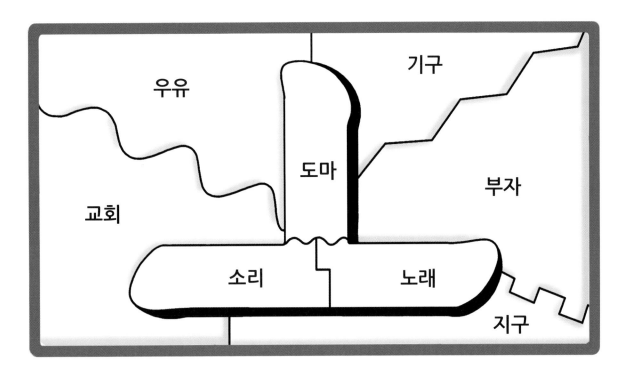

2 ㅛ가 들어간 낱말을 찾아 색칠해 봅시다.

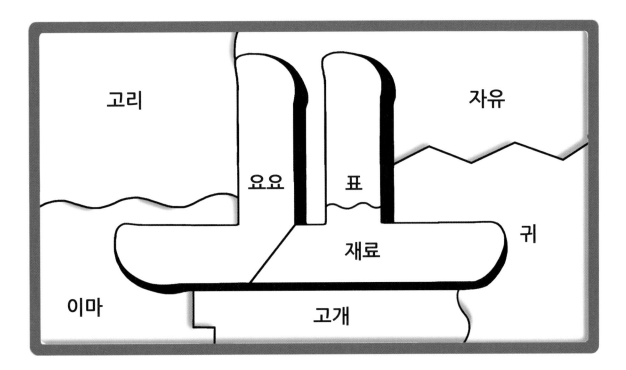

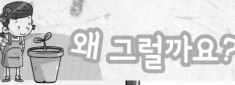
1 또바기의 대답을 듣고 모도리가 깜짝 놀란 이유를 생각해 봅시다.

2 소리 내어 따라 읽고 ㅜ, ㅠ의 소리를 비교해 봅시다.

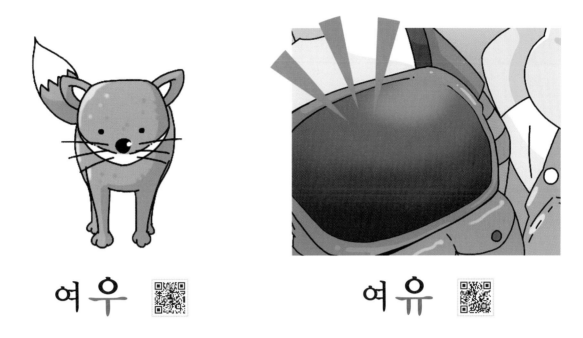

여우 여유

💡**생각¹하기** ㅜ, ㅠ의 모양을 비교해 보세요. 어떤 점이 다른가요?

💡**생각²하기** 앞에서 배운 ㅡ와 ㅜ의 모양을 비교해 보세요. 어떤 점이 다른 가요?

💡**생각³하기** ㅜ, ㅠ가 있는 큰 글자만 소리 내어 따라 읽어 봅시다. 소리가 어떻게 다른가요?

원리가 쏙쏙

ㅡ, ㅜ, ㅠ는 모양이 아주 비슷하죠?
ㅡ의 아래쪽에 ㅣ를 더하면 ㅜ가 되고, ㅜ에 ㅣ를 더하면 ㅠ가 돼요.

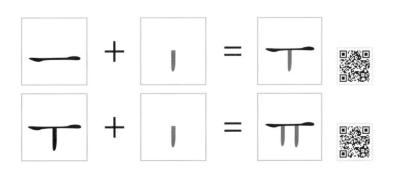

1 ㅜ, ㅠ의 이름을 따라 읽고, 쓰는 순서를 알아봅시다.

ㅜ	ㅜ	ㅠ	ㅠ
우	우	유	유

2 ㅜ, ㅠ의 이름을 소리 내어 말하고, 선으로 이어 봅시다.

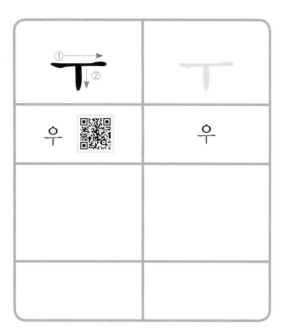

ㅜ •

ㅠ •

• 뮤

• 유

• 무

• 우

110

3 ㅜ의 소리를 알아봅시다. 소리 내어 따라 읽고, 따라 써 봅시다.

개 구 리

후 추

4 ㅠ의 소리를 알아봅시다. 소리 내어 따라 읽고, 따라 써 봅시다.

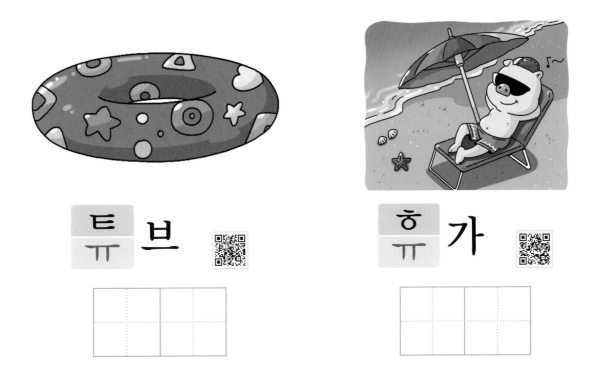

튜 브

휴 가

실력이 쑥쑥 ㅜ, ㅠ를 알아봅시다

❓ 그림에 알맞은 낱말이 되도록 빈칸을 채워 봅시다.

더 나아가기 ㅜ, ㅠ를 알아봅시다

1 ㅜ가 들어간 낱말을 찾아 색칠해 봅시다.

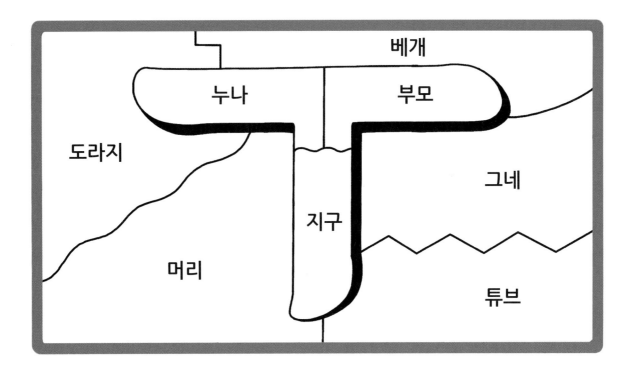

베개
누나
부모
도라지
그네
지구
머리
튜브

2 ㅠ가 들어간 낱말을 찾아 색칠해 봅시다.

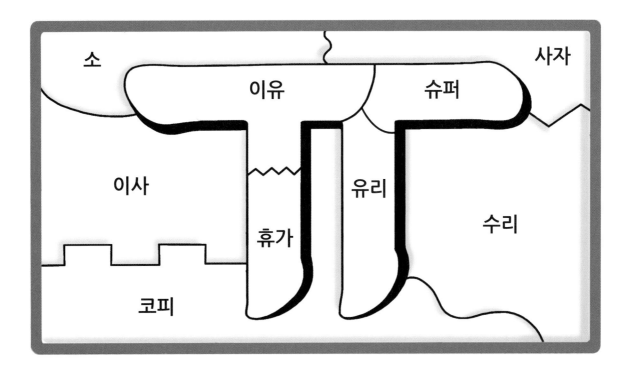

소
사자
이유
슈퍼
이사
유리
수리
휴가
코피

113

지금까지 배운 글자들을 '모음자'라고 해요.

[?] 지금까지 배운 모음자를 순서대로 쓰고 읽어 봅시다.

ㅏ 아	ㅏ		ㅑ 야	ㅑ	
ㅓ 어	ㅓ		ㅕ 여	ㅕ	
ㅗ 오	ㅗ		ㅛ 요	ㅛ	
ㅜ 우	ㅜ		ㅠ 유	ㅠ	
ㅡ 으	ㅡ		ㅣ 이	ㅣ	

114

4장

글자의 짜임

• 글자 만드는 방법을 알아봅시다.

2 글자의 모양을 살펴보며 글자의 짜임을 알아봅시다.

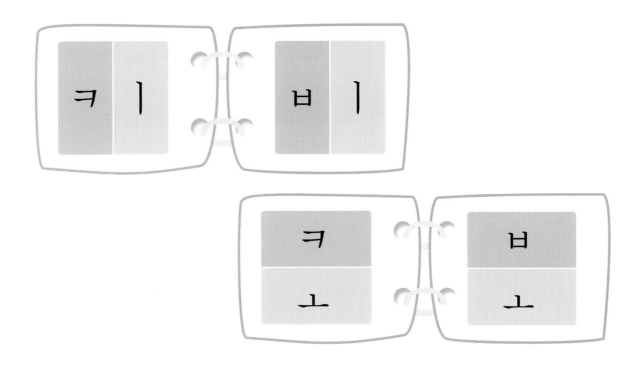

💡 생각하기1 같은 모양의 글자 카드끼리 모아 봅시다. 몇 가지의 글자 모양이 있나요?

💡 생각하기2 같은 모양의 글자 카드에서 ㅋ, ㅂ이 어느 쪽에 있는지 알아 봅시다.

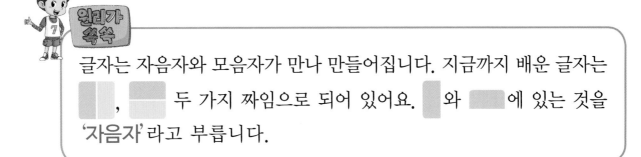

글자는 자음자와 모음자가 만나 만들어집니다. 지금까지 배운 글자는 ⬜, ⬜ 두 가지 짜임으로 되어 있어요. ⬜와 ⬜에 있는 것을 '자음자'라고 부릅니다.

1 낱말에서 자음자만 골라 (　　) 안에 써 봅시다.

ㅎ ㅓ ㄹ ㅣ 　　(　 , 　)

ㄱ ㅏ ㅅ ㅜ 　　(　 , 　)

2 낱말에서 쌍자음자만 골라 (　　) 안에 써 봅시다.

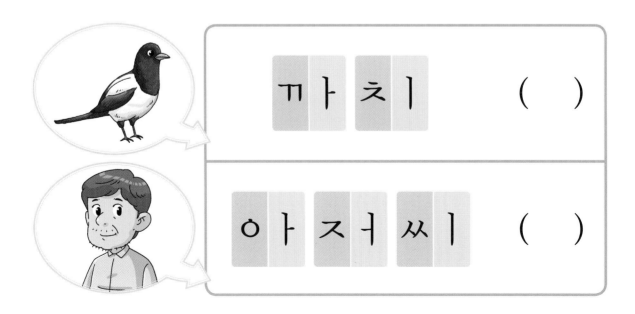

ㄲ ㅏ ㅊ ㅣ 　　(　)

ㅇ ㅏ ㅈ ㅓ ㅆ ㅣ 　　(　)

3 글자의 짜임이 같은 것끼리 선으로 이어 봅시다.

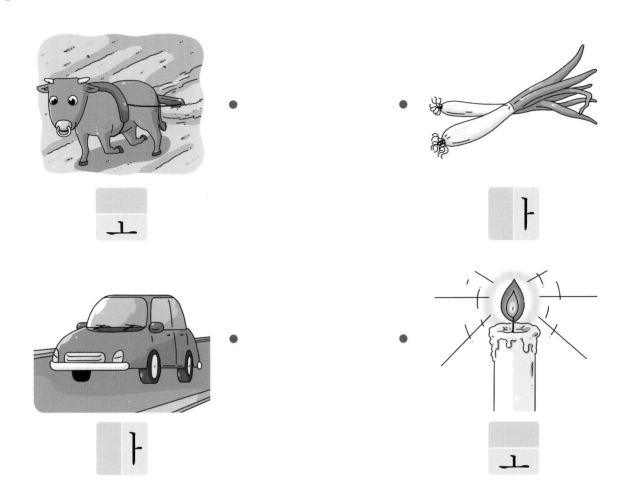

4 글자의 짜임이 같은 것끼리 선으로 이어 봅시다.

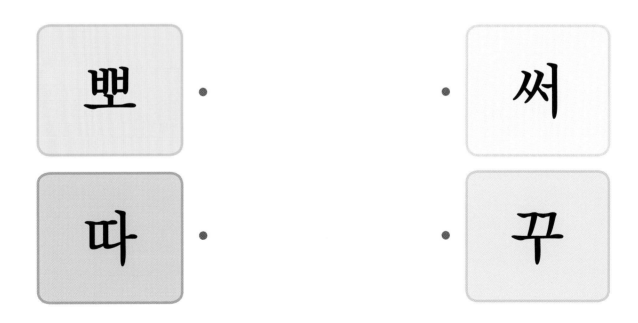

1 그림을 보고 ▮ 짜임의 낱말을 완성해 봅시다.

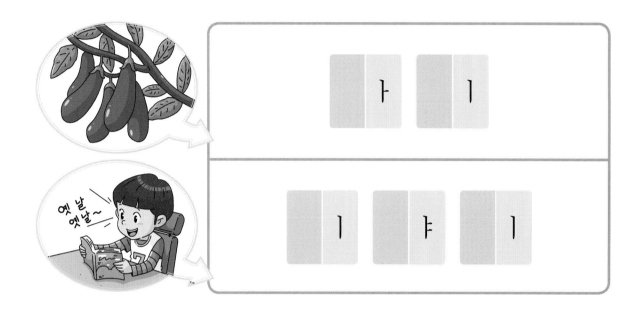

2 그림을 보고 ▮ 짜임의 낱말을 완성해 봅시다.

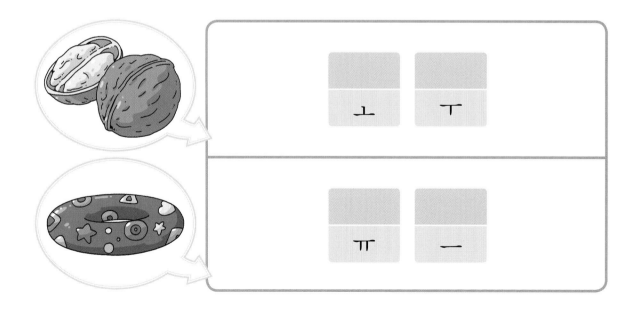

더 나아가기 자음자의 위치를 알아봅시다

1 또바기가 강아지와 만날 수 있도록, 자음자를 순서대로 연결하며 길을 찾아가 봅시다.

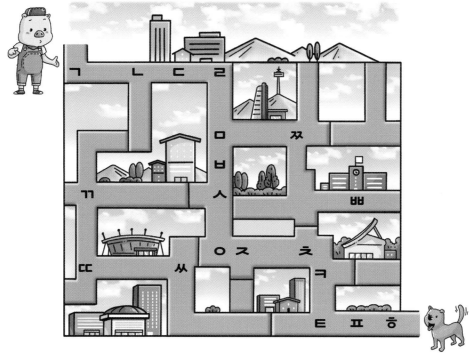

2 또바기가 모도리와 만날 수 있도록, 쌍자음자를 순서대로 연결하며 길을 찾아가 봅시다.

17

왜 그럴까요? 모음자의 위치를 알아봅시다

1 고민하는 또바기를 도와줍시다. 어떻게 합쳐야 올바른 글자가 될까요?

2 글자의 모양을 살펴보며 글자의 짜임을 알아봅시다.

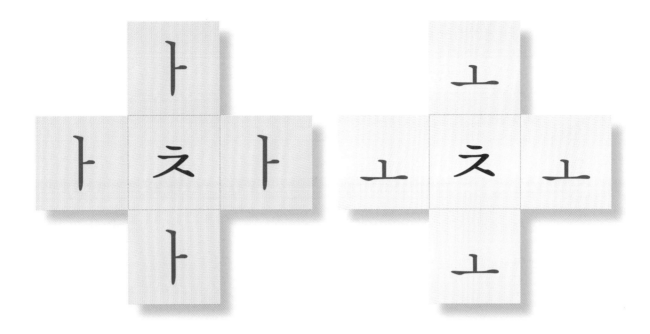

생각1하기 빨간 부분과 합쳐져 글자가 되는 파란 부분을 찾아 ○표 해 봅시다.

생각2하기 ○표 한 글자 카드에서 파란 부분의 위치가 빨간 부분의 어느 쪽인지 말해 봅시다.

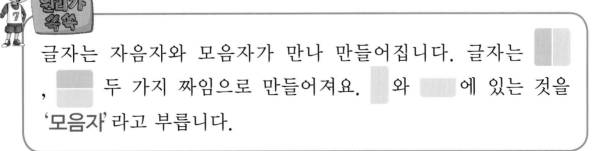

글자는 자음자와 모음자가 만나 만들어집니다. 글자는 , 두 가지 짜임으로 만들어져요. 와 에 있는 것을 '모음자'라고 부릅니다.

1 보기 의 모음자들을 ▮, ▭ 안에 넣고, 모음자의 모양에 따른 위치를 알아봅시다.

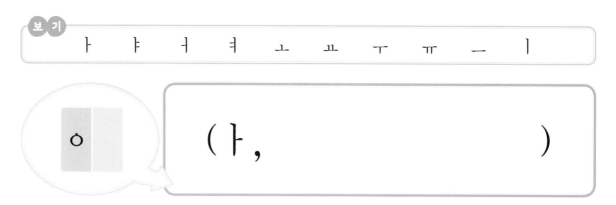

보기

ㅏ ㅑ ㅓ ㅕ ㅗ ㅛ ㅜ ㅠ ㅡ ㅣ

ㅇ (ㅏ ,   )

💡생각1 하기 ▮ 에 들어가는 모음자의 모양에서 비슷한 점은 무엇일까요?

ㅇ (ㅗ ,   )

💡생각2 하기 ▭ 에 들어가는 모음자의 모양에서 비슷한 점은 무엇일까요?

원리가 쏙쏙

▮ 짜임에 들어가는 모음자는 위아래로 길쭉한 ㅣ에 -와 =를 더해 만들어진 ㅏ, ㅑ, ㅓ, ㅕ예요.

▭ 짜임에 들어가는 모음자는 옆으로 평평한 ㅡ에 ㅣ와 ㅣㅣ를 더해 만들어진 ㅗ, ㅛ, ㅜ, ㅠ예요.

2 낱말에서 모음자만 골라 (　　) 안에 써 봅시다.

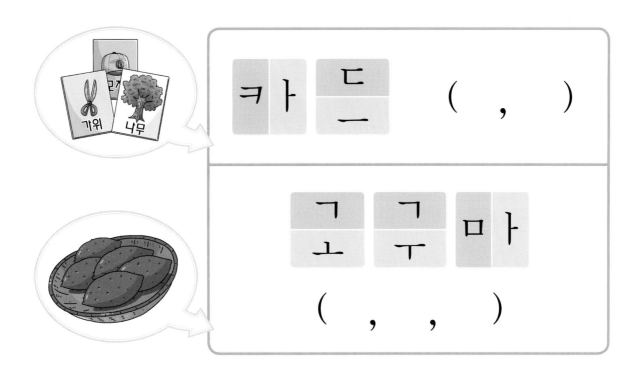

3 글자를 만들 때, 같은 짜임에 들어가는 것끼리 선으로 이어 봅시다.

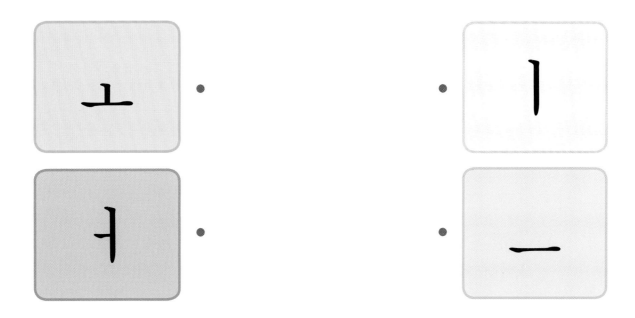

1 소리 내어 읽고, 글자인 것에 ○표, 글자가 아닌 것에 ✕표 해 봅시다.

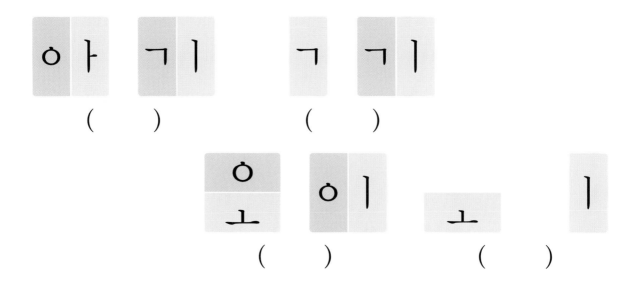

(   )   (   )

(   )   (   )

2 글자를 소리 내어 읽고, 소리를 비교해 봅시다.

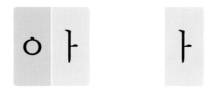

 생각1 하기 '아'와 'ㅏ'를 소리 내어 봅시다. 소리가 어떤가요?

> 원리가 쏙쏙
>
> 글자는 '자음자'와 '모음자'를 합쳐 만듭니다.
> ㅏ, ㅑ, ㅓ, ㅕ, ㅗ, ㅛ, ㅜ, ㅠ, ㅡ, ㅣ는 모음자만 있어도 소리가
> 나지만 글자가 되기 위해서는 자음자가 필요해요. 그래서 이런
> 경우에는 자음자 ㅇ을 써 줍니다.

1 배고픈 또바기가 케이크를 먹을 수 있도록, 모음자를 순서대로 연결하며 길을 찾아가 봅시다.

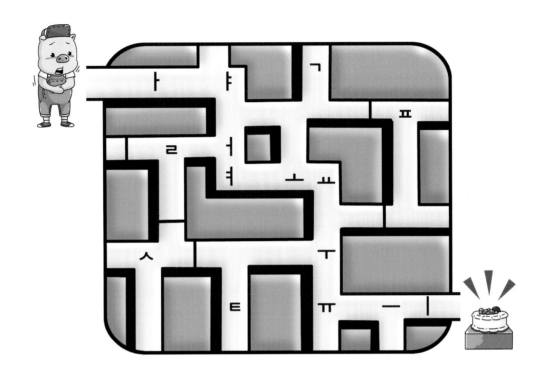

2 그림을 보고 ▯, ▭ 짜임의 낱말을 완성해 봅시다.

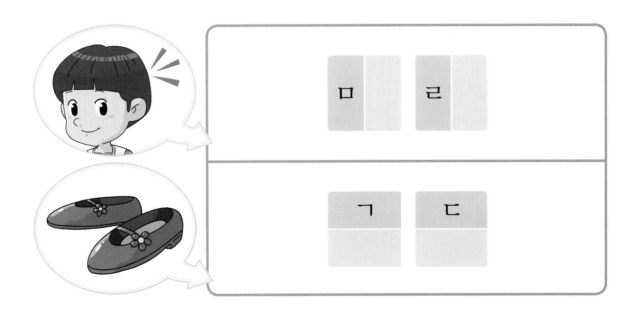

129

왜 그럴까요? 글자를 만들어 봅시다

1 색칠된 두 개의 자음자 카드로 여러분은 어떤 글자를 만들 수 있는지 생각해 봅시다.

요요

우유

2 글자의 짜임을 떠올리며 자음자와 모음자를 합쳐 여러 가지 글자를 만드는 방법을 알아봅시다.

모음자 자음자	ㅏ	ㅑ	ㅓ	ㅕ	ㅗ	ㅛ	ㅜ	ㅠ	ㅡ	ㅣ
ㅅ	사	샤	서	셔	소	쇼	수	슈	스	시
ㅇ	아	야	어	여	오	요	우	유	으	이
ㅈ	자	쟈	저	져	조	죠	주	쥬	즈	지

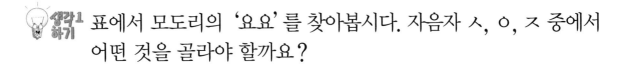 표에서 모도리의 '요요'를 찾아봅시다. 자음자 ㅅ, ㅇ, ㅈ 중에서 어떤 것을 골라야 할까요?

생각2 하기 생각1 하기 에서 고른 자음자를 표에서 손으로 짚어 보세요. 그리고 오른쪽으로 쭉 따라가며 '요'를 찾아봅시다. '요'를 만나면 멈추고, 위로 따라가 보세요. 어떤 모음자를 만났나요?

위와 같은 표를 '글자표'라고 해요. 글자표의 세로에는 '자음자', 가로에는 '모음자'를 써요.
세로의 자음자와, 가로의 모음자가 만나면 글자가 만들어져요. 예를 들어 '소'는 자음자 ㅅ과 모음자 ㅗ가 만나 만들어져요.

1 글자표를 보고 물음에 답해 봅시다.

자음자＼모음자	ㅏ	ㅑ	ㅓ	ㅕ	ㅗ	ㅛ	ㅜ	ㅠ	ㅡ	ㅣ
ㄱ	가	갸		겨	고	교	구	규		기

1 ☐ 에 들어갈 글자의 짜임은 무엇인지 ○표 해 봅시다.

☐ , ☐

(   )   (   )

2 ☐ 에 들어갈 글자는 무엇인지 표의 빈칸에 써 봅시다.

3 ☐ 에 들어갈 글자의 짜임은 무엇인지 ○표 해 봅시다.

☐ , ☐

(   )   (   )

4  에 들어갈 글자는 무엇인지 표의 빈칸에 써 봅시다.

2 글자표의 빈칸을 채워 봅시다.

자음자＼모음자	ㅏ	ㅑ	ㅓ	ㅕ	ㅗ	ㅛ	ㅜ	ㅠ	ㅡ	ㅣ
ㄱ	가	갸	거	겨	고	교	구	규	그	기
ㄴ		냐	너	녀	노	뇨	누	뉴	느	니
ㄷ	다	댜	더	뎌	도	됴	두	듀	드	디
ㄹ	라	랴	러	려	로	료	루	류	르	리
ㅁ	마	먀	머	며	모	묘	무	뮤	므	
ㅂ	바	뱌	버	벼	보		부	뷰	브	비
ㅅ	사	샤	서	셔	소	쇼	수	슈	스	시

3 그림에 알맞은 글자를 찾아 위의 글자표에 ○표 해 봅시다.

두부

소라

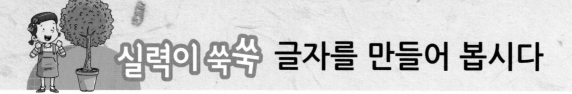

실력이 쑥쑥 글자를 만들어 봅시다

? 글자표의 빈칸을 채우고 나서, 글자표의 글자들로 그림에 알맞은 낱말을 만들어 봅시다.

자음자\모음자	ㅏ	ㅑ	ㅓ	ㅕ	ㅗ	ㅛ	ㅜ	ㅠ	ㅡ	ㅣ
ㅁ		먀	머	며	모	묘	무	뮤	므	미

더 나아가기 글자를 만들어 봅시다

1 글자표의 빈칸을 채워 봅시다.

자음자 \ 모음자	ㅏ	ㅑ	ㅓ	ㅕ	ㅗ	ㅛ	ㅜ	ㅠ	ㅡ	ㅣ
ㅇ	아	야	어	여	오	요	우	유	으	이
ㅈ	자	쟈	저	져	조	죠	주	쥬	즈	
ㅊ	차	챠	처	쳐	초	쵸	추	츄	츠	치
ㅋ	카		커	켜	코	쿄	쿠	큐	크	키
ㅌ	타	탸	터	텨	토	툐	투	튜	트	티
ㅍ	파	퍄	퍼	펴	포	표	푸	퓨	프	피
ㅎ	하	햐	허	혀		효	후	휴	흐	히

2 선생님이나 부모님이 불러 주시는 낱말을 글자 카드로 만들어 봅시다.

재미있는 『야무진 한글』 사러 서점 가야지!

나도 같이 가.

또바기와 모도리의
야무진 한글 ①

2019년 10월 15일 초판 1쇄 인쇄
2019년 10월 25일 초판 1쇄 발행

지은이   이병규, 김혜진
그린이   백용원

펴낸이   양진오
펴낸곳   (주)교학사
주 소   서울특별시 마포구 마포대로 14길 4(사무소)
          서울특별시 금천구 가산디지털 1로 42(공장)
전 화   영업 (02) 7075-147   편집 (02) 7075-350
등 록   1962년 6월 26일 (18-7)
편 집   김선자
조 판   김예나
디자인   유보경

이 도서의 국립중앙도서관 출판시도서목록(CIP)은 서지정보유통지원시스템 홈페이지(http://seoji.nl.go.kr)와
국가자료공동목록시스템(http://www.nl.go.kr/kolisnet)에서 이용하실 수 있습니다. (CIP제어번호 : CIP2019014740)

함께자람은 (주)교학사의 유아·어린이 책 브랜드입니다.

한글 자음자 모음자 카드

ㅏ

ㅑ

ㅓ

ㅕ

ㅗ

ㅛ

야 야

여 어

요 오

ㅜ ㅠ

ㅡ ㅣ

유

우

이

으

ㄱ

ㄴ

ㄷ

ㄹ

ㅁ

ㅂ

니은 기역

리을 디귿

비읍 미음

자르는 선

ㅅ

ㅇ

ㅈ

ㅊ

ㅋ

ㅌ

이응 시옷

치읓 지읒

티읕 키읔

피

ㅎ

기역 니은

디귿 리을

히읗 피읖

ㄴ ㄱ

ㄹ ㄷ

미음 비읍

시옷 이응

지읒 치읓

ㅁ

ㅂ

ㅅ

ㅇ

ㅈ

ㅊ

키읔 티읕

피읖 히읗

ㅌ ㅋ

ㅎ ㅍ

또바기와 모도리의

이병규 교수의
한글 공부 편

야무진 한글 ①

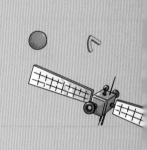

또바기와 모도리의

이병규 교수의
한글 공부 편

야무진 한글 ①

글씨 쓰기 연습

함께자람

ㄱ

ㅋ

아기

키

가지

고추

카메라

코

1

기차

코기

가수

커피

키다리

코스모스

ㄷ
ㅌ

도끼

토끼

다리

도로

타조

토마토

두더지

3

3

ㅁ

ㅂ

ㅍ

미

비

피

모자

마루

바다

4

보조개

파도

포도

치마

비누

바지

ㅅ

ㅈ

ㅊ

사

자

차

시소

야수

지구

6

주사

배추

세수

소리

이사

자두

주머니

사자

ㄴ
ㄹ
어머니

머리

바나나

누나

보라

가루

나비

소나무

해바라기

ㅇ
ㅎ
오수

호수

오리

허리

호두

허수아비

오이

ㄲ

아가

아까

까치

코끼리

미꾸라지

꼬치

까마귀

조끼

시끄러워

미끄러워

뜨
빼
머리띠

뿌리

보따리

메뚜기

뻐꾸기

9

기쁘다

쓰

찌

싸다

쪼개다

씨

쓰레기

짜다

쪼다

아저씨

쏘다

쓰기

찌르다

찌꺼기

쭈르르

10

ㅓ
거미
이끼
가시
피자
지우개

11

ㅏ
ㅑ

이야기

나

아버지

야구

야채

이랴

야호

16

파리

카드

어부

여자

ㅓ ㅕ 너

버스

혀

뼈

스케이트

아프다

그네

지느러미

주스

치즈

크레파스

그리다

테이프

자르다

요리

그

모기

고리

묘기

요리사

비교하다

구

규

여우

여유

개구리

후추

튜브

휴가

우유

무

보

가수

까치

소

파

차

초

뽀

써

따

꾸

17 고구마

구두

18 두부

소라

꼬마

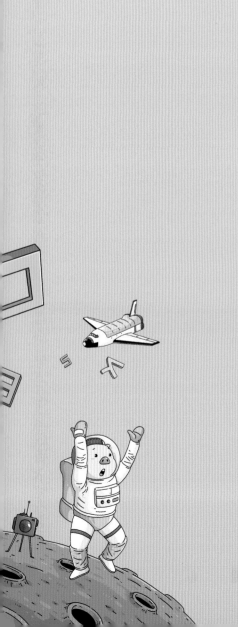

또바기와 모도리의

이병규 교수의
한글 공부 편

야무진 한글 ❶

또바기와 모도리의

이병규 교수의
한글 공부 편

야무진 한글 ❶

정답

함께자람

1장 홑자음자와 소리

1 ![왜 그럴까요?] ㄱ, ㅋ을 알아봅시다

1 그림 속에 숨어 있는 ㄱ, ㅋ을 찾아 ○표 해 봅시다.

---

2 소리 내어 따라 읽고 ㄱ, ㅋ의 소리를 비교해 봅시다.

아기　　　　키

💡생각1하기 ㄱ, ㅋ의 모양을 비교해 보세요. 비슷한 점은 무엇인가요?
둘 다 'ㄱ' 모양이 있다

💡생각2하기 ㄱ, ㅋ의 모양에서 다른 점은 무엇인가요?
ㅋ'에만 ─가 있다

💡생각3하기 ㄱ, ㅋ이 있는 큰 글자만 소리 내어 따라 읽어 봅시다. 소리가 어떻게 다른가요?
'기'보다 '키'가 세게 소리 나요

🧒 **알맹2와 맞추**
ㄱ, ㅋ은 모양이 아주 비슷하죠? ㅋ은 ㄱ에 ─를 더하여 만들어요.

$$ㄱ + ─ = ㅋ$$

모양처럼 소리도 비슷하게 나요. 하지만 ㅋ은 ㄱ보다 더 센 소리처럼 느껴져요.

![한 걸음, 두 걸음] ㄱ, ㅋ을 알아봅시다

1 ㄱ, ㅋ의 이름을 따라 읽고, 쓰는 순서를 알아봅시다.

ㄱ	ㄱ		ㅋ	ㅋ
기역	기역		키읔	키읔
ㄱ	ㄱ		ㅋ	ㅋ
기역	기역		키읔	키읔

2 ㄱ, ㅋ의 이름을 소리 내어 말하고, 선으로 이어 봅시다.

ㄱ ● ──────── ● 기역
　　　　　　　　 ● 기읔
　　　　　　　　 ● 키읔
ㅋ ● ──────── ● 키역

---

3 ㄱ의 소리를 알아봅시다. 소리 내어 따라 읽고, 따라 써 봅시다.

가지　　　　고추

가지　　　　고추

4 ㅋ의 소리를 알아봅시다. 소리 내어 따라 읽고, 따라 써 봅시다.

카메라　　　코

카메라　　　코

1장 홑자음자와 소리

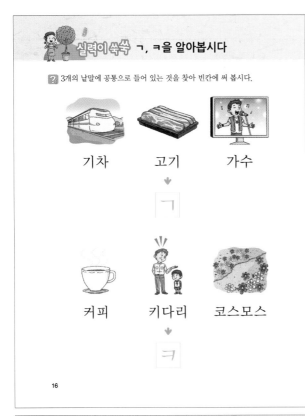

실력이 쑥쑥 ㄱ, ㅋ을 알아봅시다

? 3개의 낱말에 공통으로 들어 있는 것을 찾아 빈칸에 써 봅시다.

기차　　고기　　가수

↓

ㄱ

커피　　키다리　　코스모스

↓

ㅋ

16

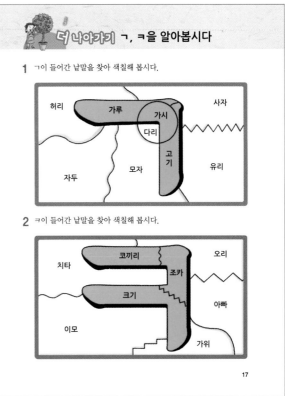

더 나아가기 ㄱ, ㅋ을 알아봅시다

1 ㄱ이 들어간 낱말을 찾아 색칠해 봅시다.

허리　가루　가시　사자
다리
자두　모자　고기　유리

2 ㅋ이 들어간 낱말을 찾아 색칠해 봅시다.

치타　코끼리　오리
조카
크기　아빠
이모　가위

17

2 왜 그럴까요? ㄷ, ㅌ을 알아봅시다

1 나무꾼이 잃어버린 물건을 찾지 못한 이유를 생각해 봅시다.

산신령님! 🪓가 물속에 빠졌어요.

도끼? 토끼? 어떻게 쓰더라……

??

잘 안 들린다. 써 보거라.

!!

토끼

??

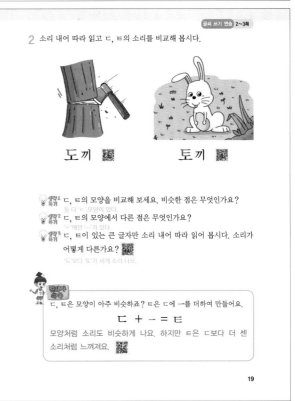

글씨 쓰기 연습 2~3쪽

2 소리 내어 따라 읽고 ㄷ, ㅌ의 소리를 비교해 봅시다.

도끼　　　토끼

생각1 ㄷ, ㅌ의 모양을 비교해 보세요. 비슷한 점은 무엇인가요?
둘 다 'ㄷ' 모양이 있다.

생각2 ㄷ, ㅌ의 모양에서 다른 점은 무엇인가요?
'ㅌ'에만 '一'가 있다.

생각3 ㄷ, ㅌ이 있는 큰 글자만 소리 내어 따라 읽어 봅시다. 소리가 어떻게 다른가요?
'도'보다 '토'가 세게 소리 나요.

딱딱이의 속삭임

ㄷ, ㅌ은 모양이 아주 비슷하죠? ㅌ은 ㄷ에 一를 더하여 만들어요.

ㄷ + 一 = ㅌ

모양처럼 소리도 비슷하게 나요. 하지만 ㅌ은 ㄷ보다 더 센 소리처럼 느껴져요.

19

2

1 ㄷ, ㅌ의 이름을 따라 읽고, 쓰는 순서를 알아봅시다.

ㄷ	ㄷ		ㅌ	ㅌ
디귿	디귿		티읕	티읕
ㄷ	ㄷ		ㅌ	ㅌ
디귿	디귿		티읕	티읕

2 ㄷ, ㅌ의 이름을 소리 내어 말하고, 선으로 이어 봅시다.

ㄷ

ㅌ

• 디읃
• 디귿
• 티읕
• 티귿

20

3 ㄷ의 소리를 알아봅시다. 소리 내어 따라 읽고, 따라 써 봅시다.

다 리   다리

도 로   도로

4 ㅌ의 소리를 알아봅시다. 소리 내어 따라 읽고, 따라 써 봅시다.

타 조   타조

토 마토   토마토

21

? 도토리와 뚜방기가 동물원에 갔어요. 그림에 알맞은 낱말이 되도록 빈칸을 채워 봅시다.

두 더 지

타 조

1 ㄷ이 들어간 낱말을 찾아 색칠해 봅시다.

개미   다리미   소라
바다   지우개
자라   바위
도토리
의자

2 ㅌ이 들어간 낱말을 찾아 색칠해 봅시다.

고추   기타   비
모래
스티커   기차
개나리
타이어   지도

23

3

3 왜 그럴까요? ㅁ, ㅂ, ㅍ을 알아봅시다

1 그림 속에 숨어 있는 ㅁ, ㅂ, ㅍ을 찾아 ○표 해 봅시다.

글씨 쓰기 연습 4~5쪽

2 소리 내어 따라 읽고 ㅁ, ㅂ, ㅍ의 소리를 비교해 봅시다.

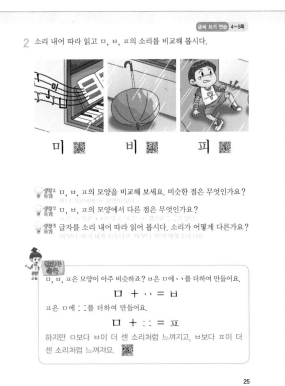

미 █   비 █   피 █

💡생각1 ㅁ, ㅂ, ㅍ의 모양을 비교해 보세요. 비슷한 점은 무엇인가요?
세로 가운데에 'ㅁ 모양이 있다.

💡생각2 ㅁ, ㅂ, ㅍ의 모양에서 다른 점은 무엇인가요?
'ㅁ'은 위로 ㅅㅅ가 없고, 'ㅂ'이 옆으로 붙기 있다.

💡생각3 글자를 소리 내어 따라 읽어 봅시다. 소리가 어떻게 다른가요?
미보다 비가 세게 소리나고, 비보다 피가 세게 소리난다.

알기가 쏙쏙
> ㅁ, ㅂ, ㅍ은 모양이 아주 비슷하죠? ㅂ은 ㅁ에 ㅣㅣ를 더하여 만들어요.
>
> ㅁ + ㅣㅣ = ㅂ
>
> ㅍ은 ㅁ에 ㅡㅡ를 더하여 만들어요.
>
> ㅁ + ㅡㅡ = ㅍ
>
> 하지만 ㅁ보다 ㅂ이 더 센 소리처럼 느껴지고, ㅂ보다 ㅍ이 더 센 소리처럼 느껴져요.

25

한걸음, 두걸음 ㅁ, ㅂ, ㅍ을 알아봅시다

1 ㅁ, ㅂ, ㅍ의 이름을 따라 읽고, 쓰는 순서를 알아봅시다.

ㅁ	ㅁ	ㅂ	ㅂ
미음	미음	비읍	비읍
ㅁ	ㅁ	ㅂ	ㅂ
미음	미음	비읍	비읍

ㅍ	ㅍ
피읖	피읖
ㅍ	ㅍ
피읖	피읖

26

---

2 낚싯대의 ㅁ, ㅂ, ㅍ의 이름을 말하고, 선으로 이어 봅시다.

미음
미음

비읍
비읍

피읖
피읖

27

3 ㅁ의 소리를 알아봅시다. 소리 내어 따라 읽고, 따라 써 봅시다.

모자 　　　마루

모자 　　　마루

4 ㅂ의 소리를 알아봅시다. 소리 내어 따라 읽고, 따라 써 봅시다.

바다 　　　보조개

바다 　　　보조개

28

5 ㅍ의 소리를 알아봅시다. 소리 내어 따라 읽고, 따라 써 봅시다.

파도 　　　포도

파도 　　　포도

실력이 쑥쑥 ㅁ, ㅂ, ㅍ을 알아봅시다

? 모도리와 또바기가 빨래를 하고 있어요. 그림에 알맞은 낱말이
되도록 빈칸을 채워 봅시다.

치마

비누

바지

더 나아가기 ㅁ, ㅂ, ㅍ을 알아봅시다

1 ㅁ이 들어간 낱말을 찾아 색칠해 봅시다.

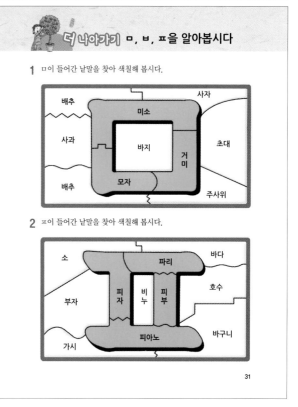

배추　　　미소　　　사자

사과　　　바지　　　초대

　　　거미

배추　　모자　　주사위

2 ㅍ이 들어간 낱말을 찾아 색칠해 봅시다.

소　　　파리　　　바다

부자　　피　비　피　호수
　　자　누　부

가시　　피아노　　바구니

31

5

4 왜 그럴까요? ㅅ, ㅈ, ㅊ을 알아봅시다

1 엄마가 웃음을 터뜨린 이유를 생각해 봅시다.

○○마트

엄마는 장 보고 갈게! 이모랑 집에 가 있어.

집에 잘 도착했니?
네.

어떻게 갔니?
자를 타고 왔어요.

---

2 소리 내어 따라 읽고 ㅅ, ㅈ, ㅊ의 소리를 비교해 봅시다.

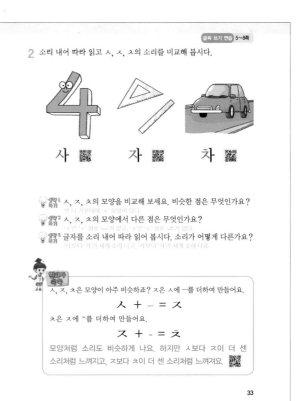

사   자   차

1 ㅅ, ㅈ, ㅊ의 모양을 비교해 보세요. 비슷한 점은 무엇인가요?
셋 다 가운데에 'ㅅ'모양이 있다.

2 ㅅ, ㅈ, ㅊ의 모양에서 다른 점은 무엇인가요?
ㅈ 위에 ㅡ가 있고, ㅊ 위에 ㅡ, ㆍ가 있다.

3 글자를 소리 내어 따라 읽어 봅시다. 소리가 어떻게 다른가요?
'ㅅ'보다 'ㅈ'가 세게 소리 나고, 'ㅈ'보다 'ㅊ'가 세게 소리 나요.

언어가 쑥쑥

ㅅ, ㅈ, ㅊ은 모양이 아주 비슷하죠? ㅈ은 ㅅ에 ㅡ를 더하여 만들어요.

ㅅ + ㅡ = ㅈ

ㅊ은 ㅈ에 ㅡ를 더하여 만들어요.

ㅈ + ㅡ = ㅊ

모양처럼 소리도 비슷하게 나요. 하지만 ㅅ보다 ㅈ이 더 센 소리처럼 느껴지고, ㅈ보다 ㅊ이 더 센 소리처럼 느껴져요.

33

한 걸음, 두 걸음 ㅅ, ㅈ, ㅊ을 알아봅시다

1 ㅅ, ㅈ, ㅊ의 이름을 따라 읽고, 쓰는 순서를 알아봅시다.

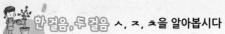

ㅅ	ㅅ		ㅈ	ㅈ
시옷	시옷		지읒	지읒
ㅅ	ㅅ		ㅈ	ㅈ
시옷	시옷		지읒	지읒

ㅊ	ㅊ
치읓	치읓
ㅊ	ㅊ
치읓	치읓

34

---

2 또바기의 풍선 속 ㅅ, ㅈ, ㅊ의 이름을 소리 내어 말하고, 선으로 이어 봅시다.

시옷   시옷   지읒   지읒   치읓
치읓

ㅅ   ㅈ   ㅊ

35

6

3 ㅅ의 소리를 알아봅시다. 소리 내어 따라 읽고, 따라 써 봅시다.

시 소   야 수

시 소   야 수

4 ㅈ의 소리를 알아봅시다. 소리 내어 따라 읽고, 따라 써 봅시다.

지 구   주 사

지 구   주 사

36

5 ㅊ의 소리를 알아봅시다. 소리 내어 따라 읽고, 따라 써 봅시다.

치 마   배 추

치 마   배 추

실력이 쑥쑥 ㅅ, ㅈ, ㅊ을 알아봅시다

3개의 낱말에 공통으로 들어 있는 것을 찾아 빈칸에 써 봅시다.

세수   소리   이사
↓
ㅅ

자두   주머니   사자
↓
ㅈ

38

더 나아가기 ㅅ, ㅈ, ㅊ을 알아봅시다

1 ㅈ이 들어간 낱말을 찾아 색칠해 봅시다.

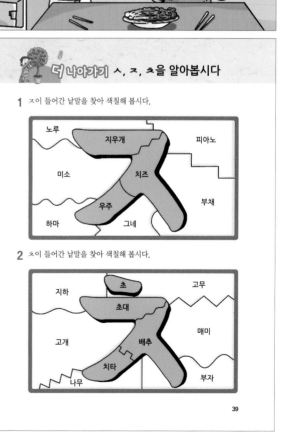

노루 지우개 피아노
미소 치즈
우주 부채
하마 그네

2 ㅊ이 들어간 낱말을 찾아 색칠해 봅시다.

지하 초 고무
초대
고개 배추 매미
치타
나무 부자

39

7

5 왜 그럴까요? ㄴ, ㄹ을 알아봅시다

1 그림 속에 숨어 있는 ㄴ, ㄹ을 찾아 ○표 해봅시다.

글씨 쓰기 연습 8~9쪽

2 소리 내어 따라 읽고 ㄴ, ㄹ의 소리를 비교해 봅시다.

어머니   머리

💡생각1 ㄴ, ㄹ의 모양을 비교해 보세요. 비슷한 점은 무엇인가요?
돌다 'ㄴ' 모양이 있다.

💡생각2 ㄴ, ㄹ의 모양에서 다른 점은 무엇인가요?
'ㄴ'은 1획로 'ㄹ'가 있다.

💡생각3 ㄴ, ㄹ이 있는 큰 글자만 소리 내어 따라 읽어 봅시다. 소리가 어떻게 다른가요?
ㄴ보다 ㄹ가 부드럽게 소리 나요

🧢 알아가 중요

ㄴ, ㄹ은 모양과 소리가 모두 다릅니다.

ㄹ은 혀가 구르면서 소리가 나 ㄴ보다 더 부드러운 소리처럼 느껴져요.

41

🌱 한걸음, 두걸음 ㄴ, ㄹ을 알아봅시다

1 ㄴ, ㄹ의 이름을 따라 읽고, 쓰는 순서를 알아봅시다.

ㄴ	ㄴ	ㄹ	ㄹ
니은	니은	리을	리을
ㄴ	ㄴ	ㄹ	ㄹ
니은	니은	리을	리을

2 ㄴ, ㄹ의 이름을 소리 내어 말하고, 선으로 이어 봅시다.

ㄴ		• 니은
		• 니응
ㄹ		• 리을
		• 리은

42

---

3 ㄴ의 소리를 알아봅시다. 소리 내어 따라 읽고, 따라 써 봅시다.

바나나   누나

바나나   누나

4 ㄹ의 소리를 알아봅시다. 소리 내어 따라 읽고, 따라 써 봅시다.

보라   가루

보라   가루

43

실력이 쑥쑥 ㄴ, ㄹ을 알아봅시다

? 그림에 알맞은 낱말이 되도록 빈칸을 채워 봅시다.

나비

소나무

해바라기

더 나아가기 ㄴ, ㄹ을 알아봅시다

1 ㄴ이 들어간 낱말을 찾아 색칠해 봅시다.

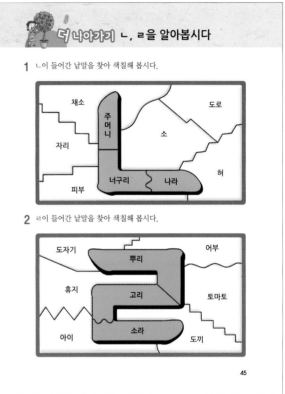

채소
주머니
자리
너구리
피부
도로
소
나라
혀

2 ㄹ이 들어간 낱말을 찾아 색칠해 봅시다.

도자기
뿌리
휴지
고리
아이
소라
어부
토마토
도끼

6 왜 그럴까요? ㅇ, ㅎ을 알아봅시다

1 엄마가 소풍 장소를 알고 나서 깜짝 놀란 이유를 생각해 봅시다.

엄마 내일 소풍 가요.

어디로 가니?

알림장에 써 있어요.

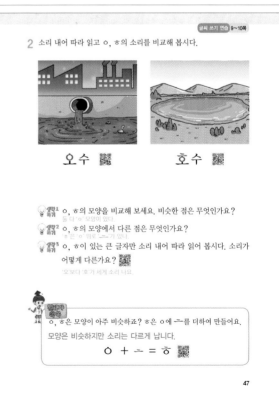

글씨 쓰기 연습 9~10쪽

2 소리 내어 따라 읽고 ㅇ, ㅎ의 소리를 비교해 봅시다.

오수

호수

ㅇ, ㅎ의 모양을 비교해 보세요. 비슷한 점은 무엇인가요?
둘 다 'ㅇ' 모양이 있다

ㅇ, ㅎ의 모양에서 다른 점은 무엇인가요?
'ㅎ'은 ㅡ가 위로 ㅡ가 있다.

ㅇ, ㅎ이 있는 큰 글자만 소리 내어 따라 읽어 봅시다. 소리가 어떻게 다른가요?
'오'보다 '호'가 세게 소리 나요.

ㅇ, ㅎ은 모양이 아주 비슷하죠? ㅎ은 ㅇ에 ㅡ를 더하여 만들어요.
모양은 비슷하지만 소리는 다르게 납니다.

ㅇ + ㅡ ㅡ = ㅎ

9

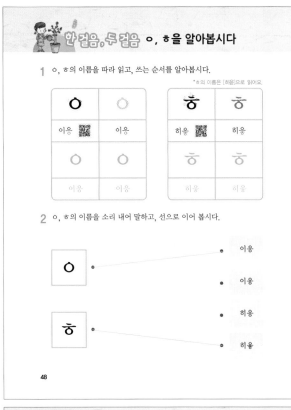

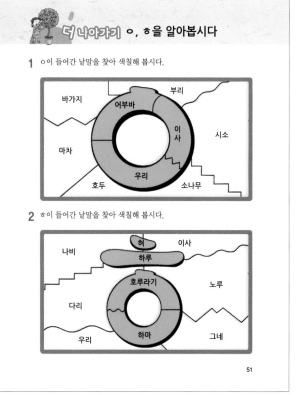

지금까지 배운 글자들을 '자음자'라고 해요.

지금까지 배운 자음자를 순서대로 쓰고 읽어 봅시다.

ㄱ 기역	ㄱ	ㄱ	ㄱ	ㄱ	ㄱ
ㄴ 니은	ㄴ	ㄴ	ㄴ	ㄴ	ㄴ
ㄷ 디귿	ㄷ	ㄷ	ㄷ	ㄷ	ㄷ
ㄹ 리을	ㄹ	ㄹ	ㄹ	ㄹ	ㄹ
ㅁ 미음	ㅁ	ㅁ	ㅁ	ㅁ	ㅁ
ㅂ 비읍	ㅂ	ㅂ	ㅂ	ㅂ	ㅂ
ㅅ 시옷	ㅅ	ㅅ	ㅅ	ㅅ	ㅅ

ㅇ 이응	ㅇ	ㅇ	ㅇ	ㅇ	ㅇ
ㅈ 지읒	ㅈ	ㅈ	ㅈ	ㅈ	ㅈ
ㅊ 치읓	ㅊ	ㅊ	ㅊ	ㅊ	ㅊ
ㅋ 키읔	ㅋ	ㅋ	ㅋ	ㅋ	ㅋ
ㅌ 티읕	ㅌ	ㅌ	ㅌ	ㅌ	ㅌ
ㅍ 피읖	ㅍ	ㅍ	ㅍ	ㅍ	ㅍ
ㅎ 히읗	ㅎ	ㅎ	ㅎ	ㅎ	ㅎ

2장 쌍자음자와 소리

7 왜 그럴까요? ㄲ을 알아봅시다

1 또바기와 엄마가 생각한 것이 서로 달라요. 또바기의 문자 메시지에서 고쳐야 할 글자가 무엇인지 생각해 봅시다.

> 또바기 어디니? 집이니?
>
> 네, 아가 왔어요.

글씨 쓰기 연습 10~12쪽

2 소리 내어 따라 읽고, ㄲ의 소리를 알아봅시다.

아가 ▨   아까 ▨

💡생각1 ㄱ과 ㄲ의 모양을 비교해 보세요. 공통점은 무엇인가요?
둘 다 'ㄱ' 모양이 있다.

💡생각2 ㄱ과 ㄲ의 모양에서 다른 점은 무엇인가요?
'ㄲ'은 'ㄱ'이 두 개 있다.

💡생각3 ㄱ, ㄲ이 있는 큰 글자만 소리 내어 따라 읽어 봅시다. 소리가 어떻게 다른가요? ▨
'가'보다 '까'가 강하게 소리 나요.

> **알쏭달쏭 약속**
> ㄲ은 두 개의 ㄱ을 합쳐 만들어요.
>
> ㄱ + ㄱ = ㄲ
>
> ㄲ은 ㄱ과 비슷하게 소리 나지만, 더 강한 소리처럼 느껴져요. ▨

57

한 걸음, 두 걸음 ㄲ을 알아봅시다

1 ㄲ의 이름을 따라 읽고, 쓰는 순서를 알아봅시다.

ㄲ	ㄲ		ㄲ	ㄲ
쌍기역 ▨	쌍기역		쌍기역	쌍기역
ㄲ	ㄲ		ㄲ	ㄲ
쌍기역	쌍기역		쌍기역	쌍기역

2 ㄲ의 이름을 소리 내어 말하고, 선으로 이어 봅시다.

ㄱ
ㄲ

• 기역
• 기옥
• 쌍기역
• 쌍기옥

58

---

3 ㄲ의 소리를 알아봅시다. 소리 내어 따라 읽고, 따라 써 봅시다.

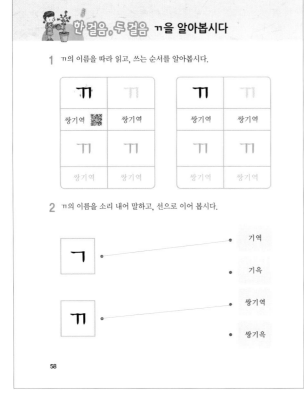

까치 ▨   코끼리 ▨

까치   코끼리

미꾸라지 ▨   꼬치 ▨

미꾸라지   꼬치

59

12

실력이 쑥쑥 ㄲ을 알아봅시다

❓ 그림에 알맞은 낱말이 되도록 빈칸을 채워 봅시다.

까마귀　　조끼

시끄러워　　미끄러워

60

더 나아가기 ㄲ을 알아봅시다

❓ 목마른 또바기가 물을 먹으러 가려고 해요. ㄲ이 들어간 낱말을 찾아 길을 따라 물이 있는 곳까지 가 봅시다.

코끼리
고기
부끄러워
지구　　자꾸
아까
아가

61

8 왜 그럴까요? ㄸ, ㅃ을 알아봅시다

1 그림 속에 숨어 있는 ㄸ, ㅃ을 찾아 ○표 해 봅시다.

2 소리 내어 따라 읽고 ㄸ, ㅃ의 소리를 비교해 봅시다.

글씨 쓰기 연습 12~13쪽

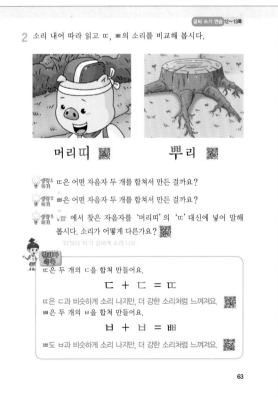

머리띠　　　뿌리

💡 ㄸ은 어떤 자음자 두 개를 합쳐서 만든 걸까요?

💡 ㅃ은 어떤 자음자 두 개를 합쳐서 만든 걸까요?

💡 에서 찾은 자음자를 '머리띠'의 'ㄸ' 대신에 넣어 말해 봅시다. 소리가 어떻게 다른가요?

'ㄷ'보다 'ㄸ'가 강하게 소리 나요

ㄸ은 두 개의 ㄷ을 합쳐 만들어요.

ㄷ + ㄷ = ㄸ

ㄸ은 ㄷ과 비슷하게 소리 나지만, 더 강한 소리처럼 느껴져요.
ㅃ은 두 개의 ㅂ을 합쳐 만들어요.

ㅂ + ㅂ = ㅃ

ㅃ도 ㅂ과 비슷하게 소리 나지만, 더 강한 소리처럼 느껴져요.

63

13

쌍자음자와 소리

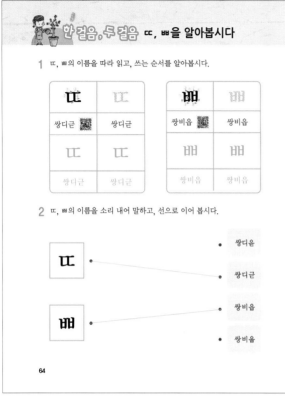

한 걸음, 두 걸음 ㄸ, ㅃ을 알아봅시다

1 ㄸ, ㅃ의 이름을 따라 읽고, 쓰는 순서를 알아봅시다.

ㄸ	ㄸ	ㅃ	ㅃ
쌍디귿	쌍디귿	쌍비읍	쌍비읍
ㄸ	ㄸ	ㅃ	ㅃ
쌍디귿	쌍디귿	쌍비읍	쌍비읍

2 ㄸ, ㅃ의 이름을 소리 내어 말하고, 선으로 이어 봅시다.

ㄸ •
ㅃ •

• 쌍디읃
• 쌍디귿
• 쌍비읍
• 쌍비읍

64

3 ㄸ의 소리를 알아봅시다. 소리 내어 따라 읽고, 따라 써 봅시다.

보따리
보따리

메뚜기
메뚜기

4 ㅃ의 소리를 알아봅시다. 소리 내어 따라 읽고, 따라 써 봅시다.

뻐꾸기
뻐꾸기

기쁘다
기쁘다

65

실력이 쑥쑥 ㄸ, ㅃ을 알아봅시다

? 그림에 알맞은 낱말이 되도록 빈칸을 채워 봅시다.

미안하지만 오늘은 엄마가 바뻐서 그만 가야 돼. 다음에 또 오자.

엄마, 한 번 더요. 또 탈래요.

14

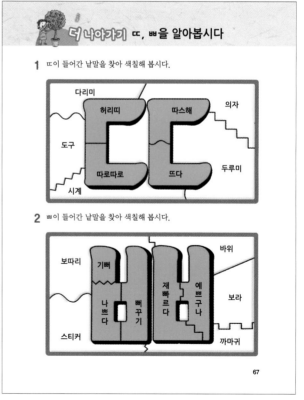

더 나아가기 ㄸ, ㅃ을 알아봅시다

1 ㄸ이 들어간 낱말을 찾아 색칠해 봅시다.

다리미 | 허리띠 | 따스해 | 의자
도구 | | | 두루미
| 따로따로 | 뜨다 |
시계

2 ㅃ이 들어간 낱말을 찾아 색칠해 봅시다.

보따리 | 기뻐 | | 바위
| 나쁘다 | 뻐꾸기 | 재빠르다 | 예쁘구나 | 보라
스티커 | | | 까마귀

67

9 왜 그럴까요? ㅆ, ㅉ을 알아봅시다

1 그림 속에 숨어있는 ㅆ, ㅉ을 찾아 ○표 해봅시다.

2 소리 내어 따라 읽고 ㅆ, ㅉ의 소리를 비교해 봅시다.

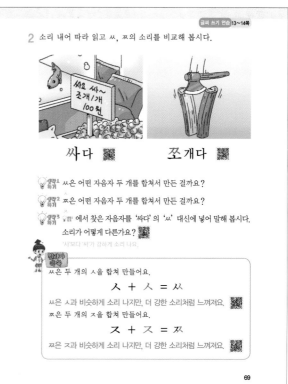

ㅆ다   ㅉ개다

💡생각하기1 ㅆ은 어떤 자음자 두 개를 합쳐서 만든 걸까요?

💡생각하기2 ㅉ은 어떤 자음자 두 개를 합쳐서 만든 걸까요?

💡생각하기3 에서 찾은 자음자를 '싸다'의 'ㅆ' 대신에 넣어 말해 봅시다.
소리가 어떻게 다른가요?
'ㅅ'보다 'ㅆ'가 강하게 소리 나요.

알아가는 속속

ㅆ은 두 개의 ㅅ을 합쳐 만들어요.

ㅅ + ㅅ = ㅆ

ㅆ은 ㅅ과 비슷하게 소리 나지만, 더 강한 소리처럼 느껴져요.

ㅉ은 두 개의 ㅈ을 합쳐 만들어요.

ㅈ + ㅈ = ㅉ

ㅉ은 ㅈ과 비슷하게 소리 나지만, 더 강한 소리처럼 느껴져요.

69

한 걸음, 두 걸음 ㅆ, ㅉ을 알아봅시다

1 ㅆ, ㅉ의 이름을 따라 읽고, 쓰는 순서를 알아봅시다.

ㅆ	ㅆ		ㅉ	ㅉ
쌍시옷	쌍시옷		쌍지읒	쌍지읒
ㅆ	ㅆ		ㅉ	ㅉ
쌍시옷	쌍시옷		쌍지읒	쌍지읒

2 ㅆ, ㅉ에 맞는 이름을 소리 내어 말하고, 선으로 이어 봅시다.

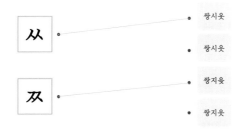

• 쌍시옷

• 쌍시옷

• 쌍지읒

• 쌍지읒

70

---

3 ㅆ의 소리를 알아봅시다. 소리 내어 따라 읽고, 따라 써 봅시다.

ㅆㅣ   ㅡ레기

씨   쓰레기

4 ㅉ의 소리를 알아봅시다. 소리 내어 따라 읽고, 따라 써 봅시다.

ㅉㅏ다   ㅉㅗ다

짜다   쪼다

71

15

2장 쌍자음자와 소리

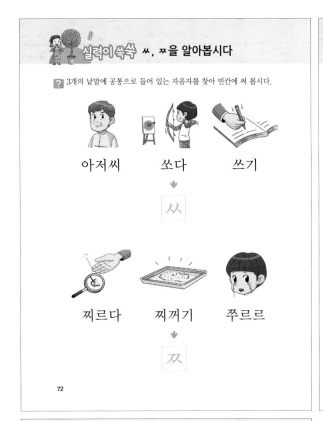

3개의 낱말에 공통으로 들어 있는 자음자를 찾아 빈칸에 써 봅시다.

아저씨   쏘다   쓰기
↓
ㅆ

찌르다   찌꺼기   쭈르르
↓
ㅉ

72

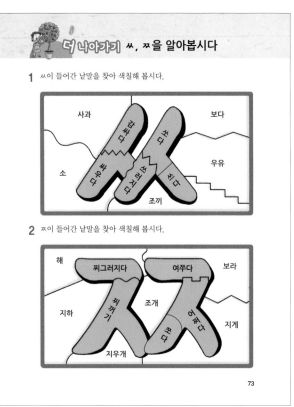

더 나아가기 ㅆ, ㅉ을 알아봅시다

1 ㅆ이 들어간 낱말을 찾아 색칠해 봅시다.

사과 감싸다 쏘다 보다
소 싸우다 지리쓰 시다 우유
조끼

2 ㅉ이 들어간 낱말을 찾아 색칠해 봅시다.

해 찌그러지다 여쭈다 보라
지하 찌꺼기 조개 어쩌다 지게
쪼다
지우개

73

어떻게 공부했나요

지금까지 배운 글자들을 '쌍자음자'라고 해요.

지금까지 배운 쌍자음자를 순서대로 쓰고 읽어 봅시다.

ㄲ 쌍기역	ㄲ	ㄲ	ㄲ	ㄲ	ㄲ
ㄸ 쌍디귿	ㄸ	ㄸ	ㄸ	ㄸ	ㄸ
ㅃ 쌍비읍	ㅃ	ㅃ	ㅃ	ㅃ	ㅃ
ㅆ 쌍시옷	ㅆ	ㅆ	ㅆ	ㅆ	ㅆ
ㅉ 쌍지읒	ㅉ	ㅉ	ㅉ	ㅉ	ㅉ

74

16

10 왜 그럴까요? ㅣ를 알아봅시다

1 그림 속에 숨어 있는 ㅣ를 찾아 ◯표 해 봅시다.

2 소리 내어 따라 읽고, ㅣ의 소리를 알아봅시다.

글씨 쓰기 연습 15쪽

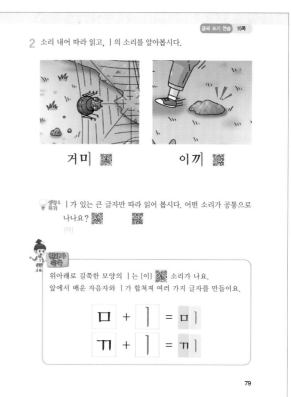

거미   이끼

ㅣ가 있는 큰 글자만 따라 읽어 봅시다. 어떤 소리가 공통으로 나나요?
[이]

위아래로 길쭉한 모양의 ㅣ는 [이] 소리가 나요.
앞에서 배운 자음자와 ㅣ가 합쳐져 여러 가지 글자를 만들어요.

$$ㅁ + ㅣ = 미$$
$$ㄲ + ㅣ = 끼$$

79

한 걸음, 두 걸음 ㅣ를 알아봅시다

1 ㅣ의 이름을 따라 읽고, 쓰는 순서를 알아봅시다.

ㅣ		ㅣ	
이	이	이	이
ㅣ	ㅣ	ㅣ	ㅣ
이	이	이	이

2 ㅣ의 이름을 소리 내어 말하고, 선으로 이어 봅시다.

ㅣ

• 히
• 미
• 이

80

3 ㅣ의 소리를 알아봅시다. 소리 내어 따라 읽고, 따라 써 봅시다.

나비   고기
나비   고기

가시   피자
가시   피자

81

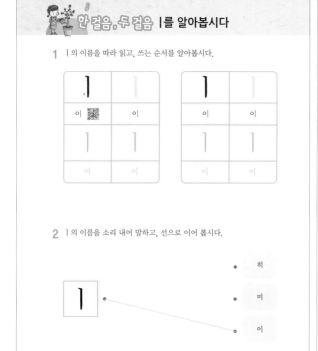

17

실력이 쑥쑥 ㅣ를 알아봅시다

❓ 그림에 알맞은 낱말이 되도록 빈칸을 채워 봅시다.

뿌 리

지 우개

머 리 띠

주 머 니

82

더 나아가기 ㅣ를 알아봅시다

❓ 또바기가 예쁜 꽃을 보러 가려고 해요. ㅣ가 들어간 낱말만 찾아 길을 따라가 꽃이 있는 곳까지 가 봅시다.

시비   어부   끼리   우주   머루   미리   미끼   쓰다

83

11 왜 그럴까요? ㅏ, ㅑ를 알아봅시다

1 그림 속에 숨어 있는 ㅏ, ㅑ를 찾아 ○표 해 봅시다.

2 소리 내어 따라 읽고 ㅏ, ㅑ의 소리를 비교해 봅시다.

아기   이야기

💡생각1 ㅏ, ㅑ의 모양을 비교해 보세요. 어떤 점이 다른가요?
　ㅑ는 ㅏ에 ㅡ가 더해져 있다.
💡생각2 앞에서 배운 ㅣ와 ㅏ의 모양을 비교해 보세요. 어떤 점이 다른가요?
　ㅏ는 ㅣ에 ㅡ가 더해져 있다.
💡생각3 ㅏ, ㅑ가 있는 큰 글자만 소리 내어 따라 읽어 봅시다. 소리가 어떻게 다른가요?
　ㅏ는 입모양이 변하지 않고 소리 나지만, ㅑ는 입모양이 변한다.

정리해요
ㅣ, ㅏ, ㅑ는 모양이 아주 비슷하죠?
ㅣ의 오른쪽에 ㅡ를 더하면 ㅏ가 되고, ㅏ에 ㅡ를 더하면 ㅑ가 돼요.

글씨 쓰기 연습 15~17쪽

$$ㅣ + ㅡ = ㅏ$$
$$ㅏ + ㅡ = ㅑ$$

85

18

한 걸음, 두 걸음 ㅏ, ㅑ를 알아봅시다

1 ㅏ, ㅑ의 이름을 따라 읽고, 쓰는 순서를 알아봅시다.

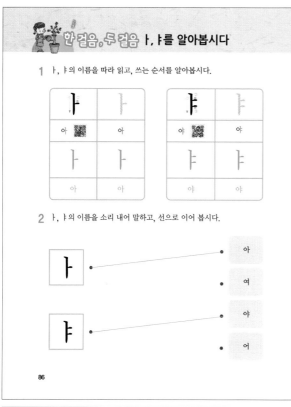

2 ㅏ, ㅑ의 이름을 소리 내어 말하고, 선으로 이어 봅시다.

ㅏ

- 아
- 여
- 야
- 어

ㅑ

86

---

3 ㅏ의 소리를 알아봅시다. 소리 내어 따라 읽고, 따라 써 봅시다.

나   나

아버지   아버지

4 ㅑ의 소리를 알아봅시다. 소리 내어 따라 읽고, 따라 써 봅시다.

야구   야구

야채   야채

87

실력이 쑥쑥 ㅏ, ㅑ를 알아봅시다

❓ 2개의 낱말에 공통으로 들어 있는 것을 찾아 빈칸에 써 봅시다.

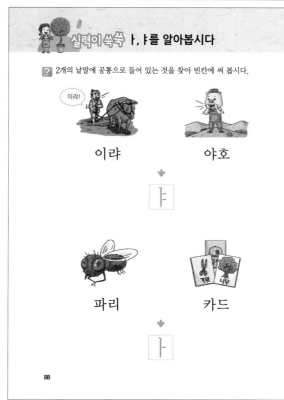

이랴   야호
↓
ㅑ

파리   카드
↓
ㅏ

88

더 나아가기 ㅏ, ㅑ를 알아봅시다

1 ㅏ가 들어간 낱말을 찾아 색칠해 봅시다.

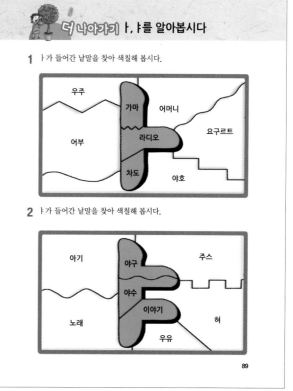

우주 가마 어머니
어부 라디오 요구르트
차도 야호

2 ㅑ가 들어간 낱말을 찾아 색칠해 봅시다.

아기 야구 주스
야수
노래 이야기 혀
우유

89

19

12 왜 그럴까요? ㅓ, ㅕ를 알아봅시다

1 그림 속에 숨어 있는 ㅓ, ㅕ를 찾아 ○표 해 봅시다.

2 소리 내어 따라 읽고 ㅓ, ㅕ의 소리를 비교해 봅시다.

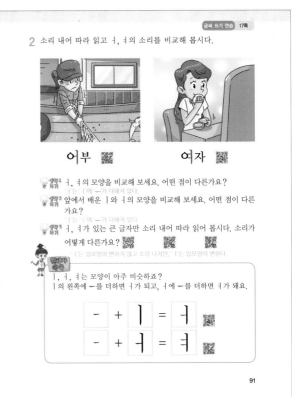

어부   여자

생각하기1 ㅓ, ㅕ의 모양을 비교해 보세요. 어떤 점이 다른가요?
ㅕ는 ㅓ에 ─가 더해져 있다.

생각하기2 앞에서 배운 ㅏ와 ㅓ의 모양을 비교해 보세요. 어떤 점이 다른 가요?
ㅑ는 ㅏ에 ─가 더해져 있다.

생각하기3 ㅓ, ㅕ가 있는 큰 글자만 소리 내어 따라 읽어 봅시다. 소리가 어떻게 다른가요?
ㅓ는 입모양이 변하지 않고 소리 나지만, ㅕ는 입모양이 변한다.

알아가기 쏙쏙
ㅣ, ㅓ, ㅕ는 모양이 아주 비슷하죠?
ㅣ의 왼쪽에 ─를 더하면 ㅓ가 되고, ㅓ에 ─를 더하면 ㅕ가 돼요.

| ─ | + | ㅣ | = | ㅓ |
| ─ | + | ㅓ | = | ㅕ |

91

한 걸음, 두 걸음 ㅓ, ㅕ를 알아봅시다

1 ㅓ, ㅕ의 이름을 따라 읽고, 쓰는 순서를 알아봅시다.

ㅓ	ㅓ		ㅕ	ㅕ
어	어		여	여
ㅓ	ㅓ		ㅕ	ㅕ
어	어		여	여

2 ㅓ, ㅕ의 이름을 소리 내어 말하고, 선으로 이어 봅시다.

ㅓ   • 아
            • 여
ㅕ   • 야
            • 어

92

3 ㅓ의 소리를 알아봅시다. 소리 내어 따라 읽고, 따라 써 봅시다.

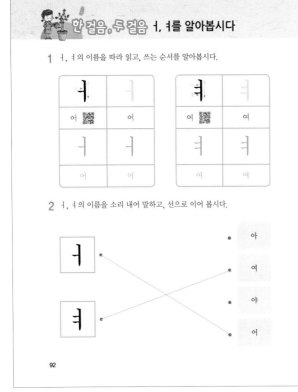

너   버스

너   버스

4 ㅕ의 소리를 알아봅시다. 소리 내어 따라 읽고, 따라 써 봅시다.

혀   뼈

혀   뼈

93

20

실력이 쑥쑥 ㅓ, ㅕ를 알아봅시다

그림에 알맞은 낱말이 되도록 빈칸을 채워 봅시다.

어 보세요?

어부

더 나아가기 ㅓ, ㅕ를 알아봅시다

1 ㅓ가 들어간 낱말을 찾아 색칠해 봅시다.

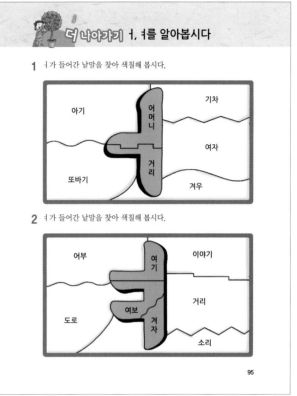

아기   어머니   기차

또바기   거리   여자

겨우

2 ㅕ가 들어간 낱말을 찾아 색칠해 봅시다.

어부   여기   이야기

도로   여보   거리

겨자   소리

95

13 왜 그럴까요? ㅡ를 알아봅시다

1 그림 속에 숨어 있는 ㅡ를 찾아 ○표 해 봅시다.

2 소리 내어 따라 읽고, 공통된 소리를 찾아봅시다.

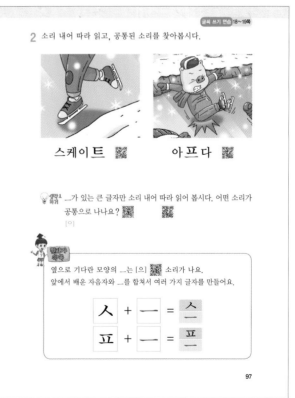

스케이트   아프다

ㅡ가 있는 큰 글자만 소리 내어 따라 읽어 봅시다. 어떤 소리가 공통으로 나요?
[으]

옆으로 기다란 모양의 ㅡ는 [으] 소리가 나요.
앞에서 배운 자음자와 ㅡ를 합쳐서 여러 가지 글자를 만들어요.

ㅅ + ㅡ = 스

ㅍ + ㅡ = 프

97

21

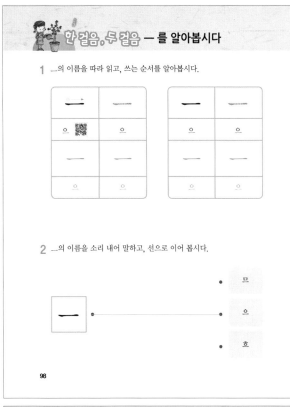

한 걸음, 두 걸음 ─ 를 알아봅시다

1 ─의 이름을 따라 읽고, 쓰는 순서를 알아봅시다.

2 ─의 이름을 소리 내어 말하고, 선으로 이어 봅시다.

- 므
- 으
- 흐

3 ─의 소리를 알아봅시다. 소리 내어 따라 읽고, 따라 써 봅시다.

ㄱ네   지ㄴ러미

그네   지느러미

주ㅅ   치ㅈ

주스   치즈

실력이 쑥쑥 ─ 를 알아봅시다

? 그림에 알맞은 낱말이 되도록 빈칸을 채워 봅시다.

크레파스   그리다

테이프   자르다

더 나아가기 ─ 를 알아봅시다

? 또바기가 스케이트를 타러 가려고 해요. 'ㅡ'가 들어간 낱말만 따라가 스케이트장까지 가 봅시다.

초
머리
카드
곰
스키
하마
드리다
눈
차
크기
사과

14 왜 그럴까요? ㅗ, ㅛ를 알아봅시다

1 또바기의 질문에서 무엇이 잘못되었는지 생각해 봅시다.

2 소리 내어 따라 읽고 ㅗ, ㅛ의 소리를 비교해 봅시다.

글씨 쓰기 연습 19～20쪽

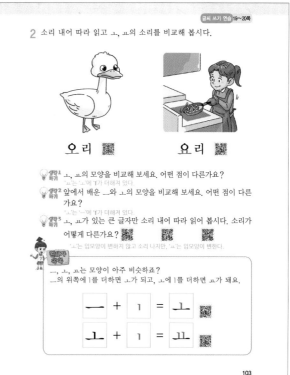

오리   요리

💡 생각1 ㅗ, ㅛ의 모양을 비교해 보세요. 어떤 점이 다른가요?
'ㅛ'는 'ㅗ'에 'ㅣ'가 더해져 있다.

💡 생각2 앞에서 배운 ㅡ와 ㅗ의 모양을 비교해 보세요. 어떤 점이 다른가요?
'ㅗ'는 'ㅡ'에 'ㅣ'가 더해져 있다.

💡 생각3 ㅗ, ㅛ가 있는 큰 글자만 소리 내어 따라 읽어 봅시다. 소리가 어떻게 다른가요?
'ㅗ'는 입모양이 변하지 않고 소리 나지만, 'ㅛ'는 입모양이 변한다.

다지기 생각
ㅡ, ㅗ, ㅛ는 모양이 아주 비슷하죠?
ㅡ의 위쪽에 ㅣ를 더하면 ㅗ가 되고, ㅗ에 ㅣ를 더하면 ㅛ가 돼요.

$$ ㅡ + ㅣ = ㅗ $$
$$ ㅗ + ㅣ = ㅛ $$

103

한 걸음, 두 걸음 ㅗ, ㅛ를 알아봅시다

1 ㅗ, ㅛ의 이름을 따라 읽고, 쓰는 순서를 알아봅시다.

ㅗ	ㅗ	ㅛ	ㅛ
오	오	요	요
ㅗ	ㅗ	ㅛ	ㅛ
오	오	요	요

2 ㅗ, ㅛ의 이름을 소리 내어 말하고, 선으로 이어 봅시다.

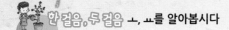

ㅗ   • 묘
        • 요
ㅛ   • 모
        • 오

104

3 ㅗ의 소리를 알아봅시다. 소리 내어 따라 읽고, 따라 써 봅시다.

모기   고리

4 ㅛ의 소리를 알아봅시다. 소리 내어 따라 읽고, 따라 써 봅시다.

묘기   요리사

105

23

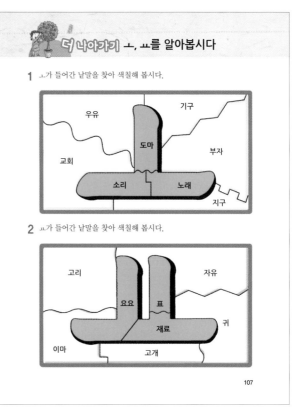

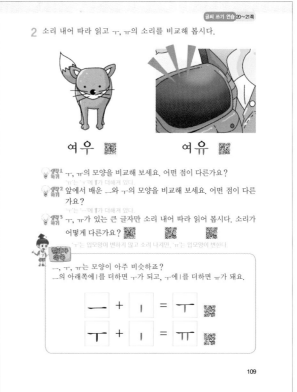

한 걸음, 두 걸음 ㅜ, ㅠ를 알아봅시다

1 ㅜ, ㅠ의 이름을 따라 읽고, 쓰는 순서를 알아봅시다.

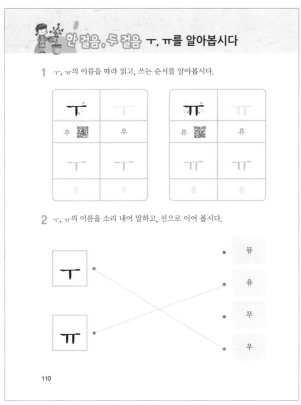

2 ㅜ, ㅠ의 이름을 소리 내어 말하고, 선으로 이어 봅시다.

ㅜ		뮤
		유
		무
ㅠ		우

110

3 ㅜ의 소리를 알아봅시다. 소리 내어 따라 읽고, 따라 써 봅시다.

개구리 　개구리

후추 　후추

4 ㅠ의 소리를 알아봅시다. 소리 내어 따라 읽고, 따라 써 봅시다.

튜브 　튜브

휴가 　휴가

111

실력이 쑥쑥 ㅜ, ㅠ를 알아봅시다

❓ 그림에 알맞은 낱말이 되도록 빈칸을 채워 봅시다.

두부

우유

우유

무

더 나아가기 ㅜ, ㅠ를 알아봅시다

1 ㅜ가 들어간 낱말을 찾아 색칠해 봅시다.

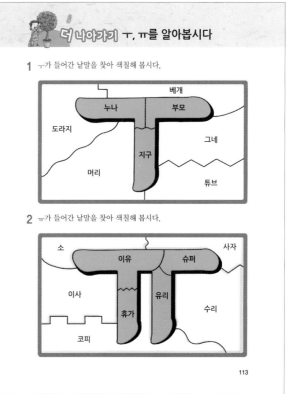

2 ㅠ가 들어간 낱말을 찾아 색칠해 봅시다.

113

25

지금까지 배운 글자들을 '모음자'라고 해요.

지금까지 배운 모음자를 순서대로 쓰고 읽어 봅시다.

ㅏ 아	ㅏ	ㅏ	ㅑ 야	ㅑ	ㅑ
ㅓ 어	ㅓ	ㅓ	ㅕ 여	ㅕ	ㅕ
ㅗ 오	ㅗ	ㅗ	ㅛ 요	ㅛ	ㅛ
ㅜ 우	ㅜ	ㅜ	ㅠ 유	ㅠ	ㅠ
ㅡ 으	ㅡ	ㅡ	ㅣ 이	ㅣ	ㅣ

114

16 **왜 그럴까요?** 자음자의 위치를 알아봅시다

1 글자의 모양에 어떤 종류가 있는지 생각해 봅시다.

어? 옆으로 합쳐진 글자도 있고, 위아래로 합쳐진 글자도 있네!

2 글자의 모양을 살펴보며 글자의 짜임을 알아봅시다.

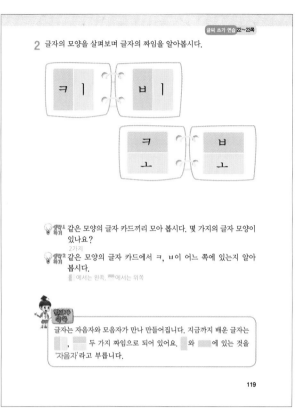

💡 같은 모양의 글자 카드끼리 모아 봅시다. 몇 가지의 글자 모양이 있나요?
2가지

💡 같은 모양의 글자 카드에서 ㅋ, ㅂ이 어느 쪽에 있는지 알아 봅시다.
■에서는 왼쪽, ■■에서는 위쪽

글자는 자음자와 모음자가 만나 만들어집니다. 지금까지 배운 글자는 ■, ■ 두 가지 짜임으로 되어 있어요. ■와 ■에 있는 것을 '자음자'라고 부릅니다.

119

한 걸음, 두 걸음 자음자의 위치를 알아봅시다

1 낱말에서 자음자만 골라 ( ) 안에 써 봅시다.

허리 (ㅎ , ㄹ)

가수 (ㄱ , ㅅ)

2 낱말에서 쌍자음자만 골라 ( ) 안에 써 봅시다.

까치 (ㄲ)

아저씨 (ㅆ)

3 글자의 짜임이 같은 것끼리 선으로 이어 봅시다.

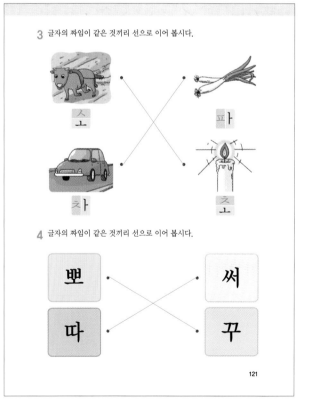

4 글자의 짜임이 같은 것끼리 선으로 이어 봅시다.

120

121

27

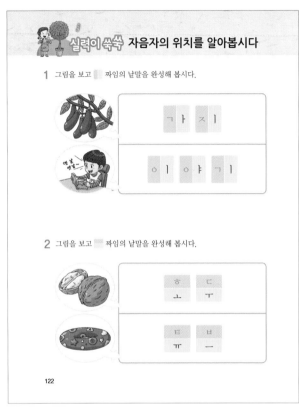

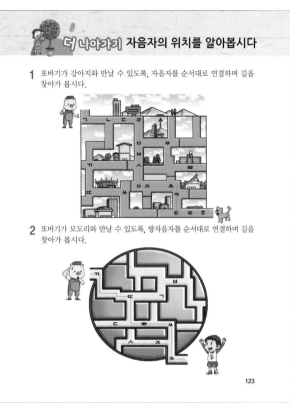

한 걸음, 두 걸음 모음자의 위치를 알아봅시다

1 **보기**의 모음자들을 ▨, ▨ 안에 넣고, 모음자의 모양에 따른 위치를 알아봅시다.

보기 ㅏ ㅑ ㅓ ㅕ ㅗ ㅛ ㅜ ㅠ ㅡ ㅣ

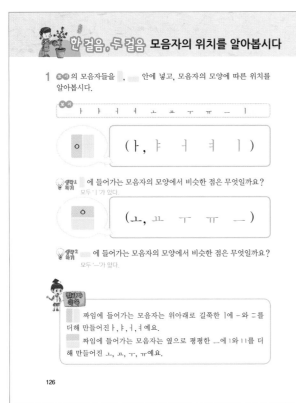

ㅇ▨ (ㅏ , ㅑ ㅓ ㅕ ㅣ)

생각 톡톡1 ▨ 에 들어가는 모음자의 모양에서 비슷한 점은 무엇일까요?
모두 'ㅣ'가 있다.

ㅇ▨ (ㅗ, ㅛ ㅜ ㅠ ㅡ)

생각 톡톡2 ▨ 에 들어가는 모음자의 모양에서 비슷한 점은 무엇일까요?
모두 'ㅡ'가 있다.

엄마가 콕콕
▨ 짜임에 들어가는 모음자는 위아래로 길쭉한 ㅣ에 ㆍ와 ㆍㆍ를 더해 만들어진 ㅏ, ㅑ, ㅓ, ㅕ예요.
▨ 짜임에 들어가는 모음자는 옆으로 평평한 ㅡ에 ㆍ와 ㆍㆍ를 더해 만들어진 ㅗ, ㅛ, ㅜ, ㅠ예요.

126

2 낱말에서 모음자만 골라 (   ) 안에 써 봅시다.

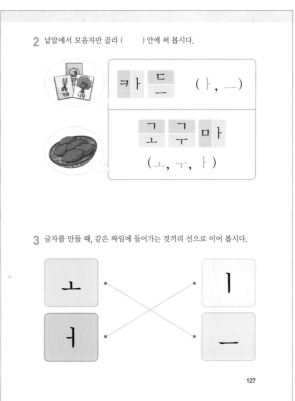

ㅋ ㅏ ㄷ (ㅏ , ㅡ)

ㄱ ㅗ ㄱ ㅜ ㅁ ㅏ
(ㅗ , ㅜ , ㅏ)

3 글자를 만들 때, 같은 짜임에 들어가는 것끼리 선으로 이어 봅시다.

ㅗ ⟋⟍ ㅣ
ㅓ ⟍⟋ ㅡ

127

실력이 쑥쑥 모음자의 위치를 알아봅시다

1 소리 내어 읽고, 글자인 것에 ○표, 글자가 아닌 것에 ×표 해 봅시다.

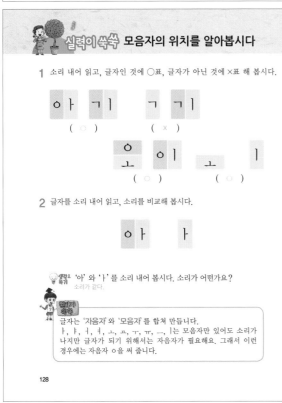

ㅇ ㅏ ㄱ ㅣ   ㄱ ㄱ ㅣ
(○)   (×)

ㅇ ㅗ ㅇ ㅣ   ㅗ ㅣ
(○)   (○)

2 글자를 소리 내어 읽고, 소리를 비교해 봅시다.

ㅇ ㅏ   ㅏ

생각 톡톡1 '아'와 'ㅏ'를 소리 내어 봅시다. 소리가 어떤가요?
소리가 같다.

엄마가 콕콕
글자는 '자음자'와 '모음자'를 합쳐 만듭니다.
ㅏ, ㅑ, ㅓ, ㅕ, ㅗ, ㅛ, ㅜ, ㅠ, ㅡ, ㅣ는 모음자만 있어도 소리가 나지만 글자가 되기 위해서는 자음자가 필요해요. 그래서 이런 경우에는 자음자 ㅇ을 써 줍니다.

128

더 나아가기 모음자의 위치를 알아봅시다

1 배고픈 또바기가 케이크를 먹을 수 있도록, 모음자를 순서대로 연결하며 길을 찾아가 봅시다.

2 그림을 보고 ▨, ▨ 짜임의 낱말을 완성해 봅시다.

ㅁ ㅓ ㄹ ㅣ

ㄱ ㅗ ㄷ ㅜ

129

18 왜 그럴까요? **글자를 만들어 봅시다**

1 색칠된 두 개의 자음자 카드로 여러분은 어떤 글자를 만들 수 있는지 생각해 봅시다.

요요

우유

2 글자의 짜임을 떠올리며 자음자와 모음자를 합쳐 여러 가지 글자를 만드는 방법을 알아봅시다.

모음자 자음자	ㅏ	ㅑ	ㅓ	ㅕ	ㅗ	ㅛ	ㅜ	ㅠ	ㅡ	ㅣ
ㅅ	사	샤	서	셔	소	쇼	수	슈	스	시
ㅇ	아	야	어	여	오	요	우	유	으	이
ㅈ	자	쟈	저	져	조	죠	주	쥬	즈	지

💡 표에서 모도리의 '요요'를 찾아봅시다. 자음자 ㅅ, ㅇ, ㅈ 중에서 어떤 것을 골라야 할까요?

💡 에서 고른 자음자를 표에서 손으로 짚어 보세요. 그리고 오른쪽으로 쭉 따라가며 '요'를 찾아봅시다. '요'를 만나면 멈추고, 위로 따라가 보세요. 어떤 모음자를 만났나요?

 위와 같은 표를 '글자표'라고 해요. 글자표의 세로에는 '자음자', 가로에는 '모음자'를 써요.
세로의 자음자와, 가로의 모음자가 만나면 글자가 만들어져요. 예를 들어 '소'는 자음자 ㅅ과 모음자 ㅗ가 만나 만들어져요.

131

한걸음, 두걸음 **글자를 만들어 봅시다**

1 글자표를 보고 물음에 답해 봅시다.

모음자 자음자	ㅏ	ㅑ	ㅓ	ㅕ	ㅗ	ㅛ	ㅜ	ㅠ	ㅡ	ㅣ
ㄱ	가	갸	거	겨	고	교	구	규	그	기

1 에 들어갈 글자의 짜임은 무엇인지 ○표 해 봅시다.

,

(○)　　( )

2 에 들어갈 글자는 무엇인지 표의 빈칸에 써 봅시다.

3 에 들어갈 글자의 짜임은 무엇인지 ○표 해 봅시다.

,

( )　　(○)

4 에 들어갈 글자는 무엇인지 표의 빈칸에 써 봅시다.

132

2 글자표의 빈칸을 채워 봅시다.

모음자 자음자	ㅏ	ㅑ	ㅓ	ㅕ	ㅗ	ㅛ	ㅜ	ㅠ	ㅡ	ㅣ
ㄱ	가	갸	거	겨	고	교	구	규	그	기
ㄴ	나	냐	너	녀	노	뇨	누	뉴	느	니
ㄷ	다	댜	더	뎌	도	됴	(두)	듀	드	디
ㄹ	(라)	랴	러	려	로	료	루	류	르	리
ㅁ	마	먀	머	며	모	묘	무	뮤	므	(미)
ㅂ	바	뱌	버	벼	보	뵤	(부)	뷰	브	비
ㅅ	사	샤	서	셔	(소)	쇼	수	슈	스	시

3 그림에 알맞은 글자를 찾아 위의 글자표에 ○표 해 봅시다.

두부

소라

133

실력이 쑥쑥 글자를 만들어 봅시다

? 글자표의 빈칸을 채우고 나서, 글자표의 글자들로 그림에 알맞은 낱말을 만들어 봅시다.

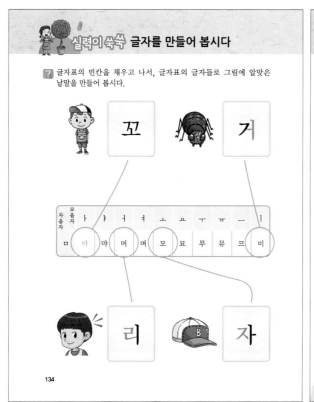

꼬 | 기

모음자 자음자	ㅏ	ㅑ	ㅓ	ㅕ	ㅗ	ㅛ	ㅜ	ㅠ	ㅡ	ㅣ
ㅁ	마	먀	머	며	모	묘	무	뮤	므	미

리 | 자

134

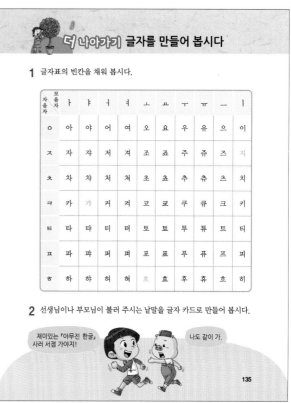

더 나아가기 글자를 만들어 봅시다

1 글자표의 빈칸을 채워 봅시다.

모음자 자음자	ㅏ	ㅑ	ㅓ	ㅕ	ㅗ	ㅛ	ㅜ	ㅠ	ㅡ	ㅣ
ㅇ	아	야	어	여	오	요	우	유	으	이
ㅈ	자	쟈	저	져	조	죠	주	쥬	즈	지
ㅊ	차	챠	처	쳐	초	쵸	추	츄	츠	치
ㅋ	카	캬	커	켜	코	쿄	쿠	큐	크	키
ㅌ	타	탸	터	텨	토	툐	투	튜	트	티
ㅍ	파	퍄	퍼	펴	포	표	푸	퓨	프	피
ㅎ	하	햐	허	혀	호	효	후	휴	흐	히

2 선생님이나 부모님이 불러 주시는 낱말을 글자 카드로 만들어 봅시다.

재미있는 『야무진 한글』 사러 서점 가야지!

나도 같이 가.

135

메모

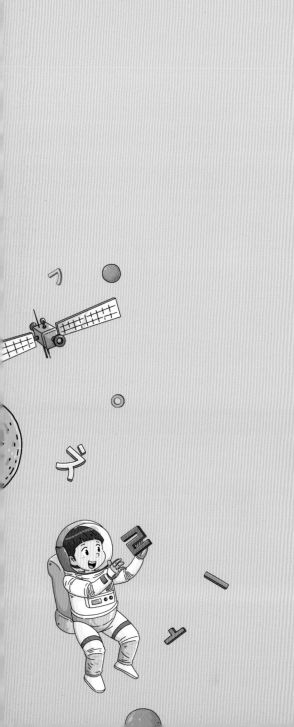